KB105531

50, 나를 인정할 시간

50, 나를 인정할 시간

초판 1쇄 인쇄일 2020년 6월 23일 • 초판 1쇄 발행일 2020년 6월 29일
지은이 양은우
펴낸곳 도서출판 예문 • 펴낸이 이주현
편집기획 김유진 • 마케팅 김현주
등록번호 제307-2009-48호 • 등록일 1995년 3월 22일 • 전화 02-765-2306
팩스 02-765-9306 • 홈페이지 www.yemun.co.kr
주소 서울시 강북구 솔샘로67길 62(미아동, 코리아나빌딩) 904호

ISBN 978-89-5659-382-1   03300

50, 나를
인정할
시간

양은우 지음

이 글을 쓰는 동안 세상을 떠난 우리 이슬이에게 이 책을 바칩니다.
함께한 13년 세월 동안 행복했던 기억, 가슴 아팠던 기억,
모두 잊지 않고 간직하겠습니다.
부디 극락왕생하길…

어느덧 오십, 이제 내 마음을 토닥일 나이

한 수업에서, 강의에 참석한 학습자들에게 삶의 만족도가 얼마나 되는지 물어보았다. 그러자 다섯 명의 참석자 중 세 명이 5점 만점에 2점 이하라고 답했다. 모두들 마흔을 넘긴 나이였기에 만족도가 낮을 것이라는 예상은 했지만 그 정도로 낮으리라고는 미처 생각하지 못했다. 그중에서도 자신을 오십 대 초반이라고 밝힌 한 남성은 만족도가 1.5라고 했다. 꽤나 충격적인 수치였다. 쉬는 시간을 이용해서 그 남자에게 이유를 묻자 남자는 자신이 돈 벌어오는 기계 같은 느낌이 든다고 답했다. 나 역시 오십이 넘은 나이기에 그의 대답이 이해되면서도 씁쓸한 뒷맛을 감출 수 없었다.

꽤 오래전, 김난도 씨가 쓴 ≪아프니까 청춘이다≫라는 책이 장안의 화제가 된 적이 있었다. 책이 출간되자 일부에서는 금수저로 태어나 어려움을 모르고 자란 사람이 공감하지 못하는 글을 머리로만 썼다며 곱지 않은 시선을 보냈다. 수많은 비난이 쏟아졌고 비아냥대는 패러디가 난무했다. 하지만 대체적으로 그 책에 대한 평가는 긍정적이었고 출발선부터 꿈과 희망을 잃고 좌절하는 젊은이들에게 많은 위로와 용기를 준 것도 사실이다. 그리 오래되지 않은 시점에는 ≪82년생 김지영≫이라는 책이 출판되면서 가부장적인 가정에서 평생 가족을 위해 자신의 삶을 희생하며 살아야 했던 여성들의 힘든 삶을 대변하였고 이로 인해 대한민국 사회에 페미니즘 바람이 불기도 했다.

하지만 아쉽게도 오십 대 중장년층을 보듬어주는 목소리는 아직 보지 못한 것 같다. 우리 사회에서 청년 세대, 여성들 모두 한 번쯤은 주목을 받고 따뜻한 위로의 말을 들었지만 중장년층을 향해 위로의 말을 건네는 사람은 드물었다. 그러나 생각해보면 오십 대 중장년층만큼 힘든 세대도 없을 것이다. 이십 대만 아픈 게 아니다. 오십 대도 청춘만큼이나, 아니면 그들 이상으로 아프다. 그들도 마땅히 위로받아야 할 세대들이다.

무엇보다 오십 대는 미래의 두려움을 온몸으로 안고 산다. 가장 큰 두려움은 일자리를 잃는 것이다. 그래도 직장이 있으니 출발점부터 발목이 걸려 넘어진 청년 세대에 비해서는 낫다고 할지 모르지만, 언제 직장에서 밀려나 백수 신세가 될지 모르는 두려움은 출발점에서 넘어지는 것 이상으로 공포감을 준다. 직장인들의 정년은 법적으로 만 60세가 보장되어 있지만 공무원이나 공기업이 아닌 이상 임원이 되지 않고 정년을 채우는 사람은 그리 많지 않다. 머리가 하얗게 센 직원들을 마냥 보듬고 가려는 회사는 거의 없기 때문이다. 실질적인 퇴직연령은 56세이며 심리적인 퇴직연령은 48세라는 통계도 있다. 사십 대 중반부터 실직의 두려움이 닥쳐오기 시작하는 것이다. 한 때 사십 대면 정년이라는 의미의 '사오정'과 오십 대나 육십 대에도 회사를 다니면 도둑놈이라는 의미의 '오륙도'라는 말이 유행하기도 했다. 고령화로 인해 정년 연장에 대한 이야기가 솔솔 흘러나오지만 청년 세대들은 자신들의 밥그릇을 빼앗는 파렴치한 짓이라며 중장년층을 향해 불만을 터뜨린다.

눈치가 보인다고 해서 쉽사리 회사를 그만둘 수도 없다. 딸린 가족이 없다면 그나마 낫겠지만 오십 대는 이미 가정을 이루고 있는 데다 내 집 마련과 교육비 등으로 가장 돈이 많이 들어갈 시기이다. 벌어도 벌어도 마치 밑빠진 독처럼 끊임없이 쪼들리며 사는 워킹푸어 세대가 오십 대이다. 한 번 직장을 잃고 나면 재취업도 쉽지 않고 사업을 하기도 어렵다. 경제적 절벽과 마주치면 당장 주택 대출금이며 자녀 학자금을 충당할 길이 막막하다. 그러다 보니 직장에서 잘리지 않기 위해 전전긍긍한다. 아무리 자존심 상하고 속 쓰리는 일이 있어도 꾹 참고 견뎌내야 하고 두 손의 지문이 닳도록 아부하는 일도 서슴지 않는다. 높은 사람 앞에서라면 깍듯이 고개 숙이는 것을 당연하다는 듯 받아들이고 인격적 모욕이나 모멸감도 두 눈 질끈 감고 감내한다. 자신의 삶이라고는 없는 노예의 삶을 사는 게 오십 대 중장년층이다.

오십 대에는 마음의 병도 깊어간다. 위에서는 임원들이 실적을 재촉하고 아래에서는 신세대들이 거침없이 대든다. 자신들은 군말 없이 했던 일들도 아랫사람들은 사사건건 대들며 어렵게 만든다. 참다못해 잔소리라도 한 마디 할 것 같으면 꼰대라며 멀리하고 따돌린다. 꼰대와 신세대 사이에서 '낀대'가 되어 이러지도 저러지도 못하는 상황도 많아진다. 위에서는 어떻게든 실적을 내라며 재촉하지만 막상 일을 시켜야 할 젊은 세대는 왜 그 일을 해야 하는지 이해되지 않는다며 일을 거부한다. 자신들은 할 말을 다 하면서 잔소리하는 중장년층을 향해 비난을 날린다. 그렇게 위에서 쪼이고 아래에서 들이받치며 속이 새까맣게 타들어가지만 그 속을 털어놓을 사람이 없다. 벙어리 냉가슴 앓듯 혼자서만 끙끙 앓다 보니 가슴속에 말 못 할 외로움이 쌓여간다. 중장년층은 한마디로 외로움의 섬에 갇힌 사람들이다.

무거운 책임감도 양어깨를 짓누른다. 인생은 B Birth와 D Death 사이의 C Choice라는 말처럼 직장에서나 가정에서나 끊임없이 무언가 선택하지 않으면 안 되지만 나이가 들수록 그러한 선택의 순간들은 무겁게 다가오고 그 결과에 대한 책임도 무거워진다. 세상이 거침없이 빠르게 변하다 보니 경험만으로 해결되지 않는 문제들도 많다. 때로는 누군가와 속 시원하게 상의하고 싶지만 마땅히 터놓고 이야기를 나눌 상대도 없다. 윗사람에게 어려움을 하소연하면 나이 든 사람이 그런 것 하나 제대로 처리하지 못한다고 타박하고, 아랫사람들에게 하소연하자니 들어줄 생각조차 않는다. 힘들고 어려워도 모든 의사결정을 혼자 내려야 하니 그때마다 푹푹 주름살이 늘어가고 흰머리만 눈치 없이 돋는다.

가정에서도 오십 대는 늘 찬밥이다. 평생 가족을 위해 발버둥 치듯 살았건만 어느 날 갑작스럽게 날아든 배우자의 이혼 통보는 삶을 허무하게 만든다. 매년 중장년층의 이혼 비율이 최고치를 경신한다는 통계는 가슴 아프지만 피할 수 없는 현실이다. 비록 집안일에 소홀하고 살뜰하게 대하지 못한 잘못은 있을지언정 그게 어디 혼자 잘 먹고 잘 살자고 한 일이던가? 가정을 꾸리고 돌봐야 할 가족이 만족스럽지는 못해도 부족하지 않게 살도록 만들어 주려다 보니 집안일에 소홀하게 된 것이고, 바깥에서 간이며 쓸개며 다 내어주며 자존심 상하다 보니 집안에서만큼은 대우받고 싶었던 것인지도 모른다. 그러나 가족을 생각하고 가정을 생각하며 희생했던 모든 것은 눈에 보이지 않는 시간을 지나오면서 다신 건널 수 없는 깊은 골이 되고 만다.

아이들도 점점 품에서 멀어져 간다. 젊은 시절을 회사 일에 파묻혀 지내다 나이가 들고 아이들이 자라서 함께 어울리려고 해도 아이들은 자신의 부모를 불편한 존재로 여긴다. 막상 아이들과 이야기를 나누고 싶어도 마땅한 대화 소재가 없다 보니 "공부 잘하니?" 같이 뻔한 이야기만 튀어나온다. 하지만 아이들은 그런 대화를 하고 싶어 하지 않는다. 공부 얘기라면 신물을 낸다. 자기 방으로 들어가 문을 걸어 잠그고 만다. 그러면 기분이 상해 마음에도 없는 말이 불쑥 튀어나온다. 그로 인해 말다툼이 벌어지고 아이들은 "아빠가 뭘 알아요?", "아빠는 내가 필요할 때 어디 계셨는데요?"라고 쏘아붙이며 자리를 피하고 만다. 배우자와도 데면데면해지고 아이들과도 가까워질 수 없는, 집에서조차 '왕따' 신세가 되는 것이 중장년층이다.

오십 대는 성장의 시대에 태어나 안정적인 직장을 가지고 성공과 부를 누린 것처럼 보이지만 막상 들여다보면 빛 좋은 개살구에 불과하다. 해마다 중장년층의 고독사가 증가한다는 사실은 그들의 아픈 삶을 잘 나타낸다. 힘들어도 쉽사리 포기할 수 없기에 산에서 홀로 생활하는 사람들을 TV로 지켜보면서 대리만족을 느낄 뿐이다. 자연인들을 동경의 눈빛으로 바라보는 중장년층의 삶 속엔 어디에도 풀어놓을 수 없는 깊은 회한과 아픔의 한숨이 녹아 있다.

청춘은 아프다. 여전히 이 땅에서 여성들의 삶은 아프다. 하지만 그들만 아픈 것은 아니다. 중장년층의 삶도 아프다. 포기하고 싶어도 포기할 수 없고, 아파도 아픈 티를 낼 수 없고, 외로워도 외로운 티를 낼 수 없다. 겉으로는 멀쩡해 보이지만 속으로는 골병이 들어가는 것이 이 시대의 중장년층이다.

젊은 층은 기성세대를 이해하고, 기성세대는 젊은 층을 보듬고, 남성들은 여성들을 배려하고, 여성들은 남성들을 인정하는, 자신의 신발을 벗고 다른 세대의 신발을 신어 봄으로써 그들의 사정을 이해하려는 노력을 해보는 것은 어떨까? 그들 모두 우리의 자녀이고, 우리의 아버지이고, 우리의 아내이고 우리의 남편 아니던가. 서로 손가락질하고 내가 더 아프다며 서로를 깎아내리기보다 서로의 아픔을 이해하고 눈물을 닦아주는 존재가 되어 보는 건 어떨까? 이 책이 그런 역할을 하는데 바늘 끝만큼이라도 도움이 되길 바랄 뿐이다.

차례

제1장 우리, 이만하면 잘 살아왔다
– 지나온 삶의 가치를 인정할 시간

제2장 지금, 내가 서 있는 자리를 받아들이기
– 현재의 내 모습을 인정할 시간

제3장 다시, 어떻게 살아가야 할 것인가를 생각한다
– 다가오는 변화를 인정할 시간

제1장

"우리, 이만하면 잘 살아왔다"

지 나 온 삶 의 가 치 를 인 정 할 시 간

Get better with Age

오십. 어느덧 고독과 마주할 나이.

드디어 부모를 이해할 나이.

비로소 내 삶을 안아줄 나이.

나이듦은 우리를 또 다른 차원의 성찰로 데려가준다.

어머니가 밤늦게까지
텔레비전을
켜 두신 이유

결혼을 해서 독립하기 전까지 우리 삼 남매는 모두 한 집에서 살았다. 아버지는 오십이 되는 해에 간암으로 일찍 세상을 떠나셨기에 남은 자식들을 먹여 살리는 일은 오롯이 어머니의 몫이었다. 아버지가 돌아가신 후 어머니는 두 분이 하시던 옷가게를 홀로 꾸려 나가셨지만 경제적으로 넉넉할 수 없는 형편이었다. 그러다 보니 늘 잔소리를 입에 달고 사셨는데 주로 전기나 가스, 수도와 같은 자원을 아껴 쓰라는 것이었다.

"빈 방에 왜 이렇게 불을 켜 놓고 다니니? 불 좀 끄고 다녀라."

"가스 좀 아껴 써."

"설거지하면서 왜 그렇게 물을 틀어 놔?"

어머니의 잔소리가 이어질 때마다 우리는 물이나 전기도 마음대로 못쓰게 한다며 입이 한 주먹씩 나오곤 했다.

　그렇게 자원 절약에 투철한 의식을 가진 어머니였지만 한 가지 알 수 없는 일이 있었다. 밤이 늦어서야 가게문을 닫고 집으로 돌아온 어머니는 늘 늦은 저녁을 드신 후에 심심풀이 삼아 텔레비전을 보시곤 했는데 대부분은 피로를 이기지 못하고 중간에 잠이 드셨다. 틀어놓은 프로그램을 끝까지 보지 못하시니, 잠든 어머니 옆에서 텔레비전 소리만 시끄럽게 울려 퍼지는 일이 많았다. 그럴 때마다 텔레비전을 끄려고 하면 언제 깨셨는지 어머니는 꼭 한 마디 하셨다.

　"그냥 놔둬라."

　'주무시지 않았나?'하고 돌아보면 어머니는 여전히 눈을 감고 계셨다. 늘 우리 자식들에게는 전기를 아껴 쓰라며 잔소리하시는 어머니가 왜 아무도 보지 않는 텔레비전을 끄지 못하게 하는지, 그때는 그저 심술궂은 행동 정도로만 여겼을 뿐 이유를 알려고 하지 않았고 알 수도 없었다.

　그런 날들이 이어지다 결혼하고 분가를 하면서 어머니에 대한 것은 까맣게 잊고 지내는 날이 많아졌다. 직장 생활이 바빴고 나 자신도 삶의 기반을 마련해야 하다 보니 어머니를 생각할 겨를이 별로 없었다.

젊은 시절부터 나는 텔레비전을 그리 많이 보는 편이 아니었다. 텔레비전을 볼 시간적 여유도 없었고 해야 할 일들이 많았다. 그러다 아이들이 사춘기를 지나면서 품 안에서 멀어지고 아내조차 일을 찾아 나서면서 혼자 있는 시간들이 많아졌다. 어쩌다 집에 혼자 있기라도 하는 날이면 외롭고 적적한 느낌이 들었다. 마땅히 대화를 나눌 상대가 없으니 가슴 한 구석에 구멍이 난 듯 무언가 허전했다. 그때부터 종종 텔레비전을 찾기 시작했다. 예전에는 유치하다고 여겨 보지 않던 예능 프로그램을 보면서 웃기 시작했고, 간혹 다른 사람들이 사는 모습을 흥미 있게 들여다보는 일도 생겼다. 요리 프로그램을 보면서 즐거움을 느끼기도 했고 사람 사는 이야기를 보며 감정 이입하여 웃거나 눈물 흘리는 순간도 늘었다. 적어도 텔레비전을 보는 순간에는 외롭다는 생각이 들지 않았기에 시간이 갈수록 텔레비전을 보는 시간도 늘어났다. 그러다 어느 순간 텔레비전이 혼자 시끄럽게 떠드는 소리가 귀에 들어왔다.

그때서야 문득 어머니 생각이 떠올랐다. 전기료를 아껴야 한다고 불도 제대로 못 켜게 하는 어머니께서 밤늦게까지 보지도 않는 텔레비전을 켜두신 이유는 외로움 때문임을 알게 된 것이다. 누나는 이미 결혼하여 집을 떠난 상태였고, 나와 여동생은 모두 성인이 되어 친구를 만나거나 이성을 만나는 등 각자의 삶을 찾아 밖에서 보내는 시간이 길었다. 잠잘 시간이 되어서야 겨우 집으로 모여들었으니 밤이 깊어지도록 집은 마치 아무도 살지 않는 것처럼 조용했다.

그러다 보니 어머니께서 집으로 돌아와도 마땅히 이야기를 나눌 만한 사람이 없었던 것이다. 남편은 이미 오래전에 사별했으니 곁에 없었고, 자식들은 밤늦도록 집에 돌아오지 않거나 집에 있다 해도 각자의 세계에 빠져 혼자 지내는 시간이 많았으니, 유일하게 사람의 목소리를 들을 수 있는 수단이 텔레비전이었던 것이다. 비록 생명 없는 기계에서 흘러나오는 소리일 뿐이지만 그것을 통해 어머니는 따뜻한 사람의 체온을 느끼고 싶으셨던 것이다. 사람들과 부대끼며 사람 냄새를 맡는 경험을 텔레비전을 통해 간접적으로 하고 싶으셨던 것이다.

텔레비전을 켜 놓는 동안에는 스멀스멀 밀려오는 고독감을 억누를 수 있지만 텔레비전이 꺼지는 순간 다시 고개를 드는 숨 막히는 적막감이 어머니는 싫으셨을 게다. 그래서 보지도 않는 텔레비전을 그렇게 끄지 못하도록 말리셨던 것이 아닐까? 텔레비전을 끄는 순간 사람 냄새도, 사람들의 따뜻한 체온도 연기처럼 사라질 테니 말이다. 그제야 어머니의 어깨를 짓누르던 삶의 외로움을 이해하지 못한 나 자신이 못되고 부끄럽게 여겨졌다.

떠나보내고
후회하지
않으려면

겨울이 시작되기 전에 스킨답서스와 파키라, 아이비 같이 추위에 약한 화분들을 베란다에서 실내로 들여놓았다. 사는 곳이 아파트 3층이다 보니 햇빛이 충분히 들어오지 않아 겨울이면 베란다 온도가 상당히 낮아져 그대로는 월동이 불가능하기 때문이다. 자칫 잘못하다가는 오랜 시간 동안 공들여 키운 식물들을 얼려 죽일 수도 있다. 다소 비좁긴 하지만 화분들을 실내로 들여놓으면 추위에 얼려 죽이는 일은 막을 수 있다. 그렇게 월동준비를 마치고 겨울이 시작되었다.

본격적으로 추위가 시작된 지 한 달 만에 베란다에 있는 화분에 물을 주었다. 겨울에는 화분에 물을 자주 줄 필요가 없다. 봄에서 가을까지 외부 기온이 높은 시기에는 활발한 증산작용 때문에 흙이 마르지 않게 물을 자주 주어야 하지만, 겨울에는 잎이 다 떨어지고 증산작용도 멈추므로 뿌리가 말라죽지 않게끔 한 달에 한 번 정도 물을 주어도 충분하기 때문이다.

한 겨울 냉기 어린 베란다에 나서는 것이 쉬운 일은 아니다 보니 화분들이 건강한지, 별 이상 없는지 살펴보는 것도 겨우 한 달에 한 번 물을 줄 때뿐이다. 다행히 베란다에 있는 식물들은 별 이상이 없어 보였다. 비록 성장은 잠시 멈추었지만 영하의 추위 속에서도 강인한 생명력을 발휘하고 있었다. 그런데, 아뿔싸! 실내에 들여놓은 아이비에 물을 주다 보니 잎이 마른 것처럼 보였다. 손을 대는 순간 잎이 바스러지고 말았다. 물이 부족해 말라죽어가고 있었던 것이다. 흙을 만져보니 밀가루처럼 푸석하게 먼지만 날렸다. '아차' 싶었다. 매일 지나며 볼 수 있는 곳에 놔두었던 아이비가 말라죽다니⋯. 방심한 탓이었다. 베란다에 있는 식물들에게만 신경을 쓰다 보니 정작 실내에서 자라는 식물들에게는 신경을 쓰지 못한 것이다. 허를 찔린 느낌이었다.

베란다와 거실은 환경이 다르다. 베란다에 있는 나무들은 이미 잎을 떨구고 동면 모드로 들어가 증산작용도 멈추었기에 오랜만에 물을 주어도 상관이 없지만, 실내에 있는 화분들은 그렇질 않다. 따뜻한 환경에 있다 보니 여전히 중산작용이 일어나고 따뜻한 실내온도 때문에 화분의 흙도 빨리 마른다. 그런데 미처 그 생각을 못했던 것이다. 혹시라도 뿌리가 살아 있을까 뒤늦게 물을 줘봤지만 이미 말라비틀어진 잎은 다시 살아나기 어려워 보였다. 그나마 스킨답서스나 파키라는 상대적으로 상태가 양호해 보이긴 했지만 풍성한 잎을 뽐내던 아이비는 아름다웠던 자태를 잃은 뒤였다.

———‖——‖——‖——‖———

말라버린 아이비를 보면서 인간관계가 마치 이런 것 아닌가 하는 생각이 떠올랐다. 우리는 흔히 집 밖에서 만나는 사람들과 관계를 맺고 그것을 유지하기 위해 신경 쓰느라 정작 소중히 지켜야 할 집 안의 사람들에게는 소홀한 경향이 있다. 나의 부모, 나의 배우자, 나의 형제 혹은 자녀들. 비록 가족은 아닐지라도 지켜야 할 아주 친한 친구들. 그들에 대해 어련히 알아서 잘 지내겠거니 방심할 때가 많다. 돈을 위해, 성공을 위해, 명예를 위해, 혹은 허황된 꿈을 위해 멀리 있는 사람들에게 신경을 쏟느라 정작 내가 소중하게 가꾸어야 할 사람들은 소홀하게 다룰 때가 많다. 그러다 어느 순간 그 관계가 말라버려 되돌릴 수 없게 되어 버리기도 한다. 말라죽어버린 아이비처럼 내 가족 혹은 나와 가장 가까운 사람들에게도 관심이라는 물이 필요한 건 아닐까? 어쩌면 지금 내가 잘하고 있다고 여기는 것들이 오롯이

나 혼자만의 착각이고 자만일 수도 있지 않을까?

　관계에 있어 '충분함'이라는 것이 있을까? 늘 관심을 가지고 채우지 않으면 금방 시들어버리고 말라버리는 것이 사람 사이의 관계일지도 모른다. 늙으신 부모님, 고생하는 배우자, 말 못 할 고민을 안고 있는 아이들, 친했던 혹은 아직도 친하다고 여기는 친구들, 가깝다고 여기는 동료들, 어쩌면 그들은 어련히 잘 지낼까 하는 방심과 충분히 잘하고 있다는 무관심 속에서 서서히 말라가고 있는지도 모른다. 그러다 뿌리가 마르고 잎이 떨어지고 나서야 때늦은 후회를 할 수도 있다. 말라죽은 아이비처럼….

<h1>아버지의
체온</h1>

오늘도 어김없이 비가 내린다. 일요일부터 시작해서 벌써 사흘째 이어지고 있다. 주말에 잠깐 날씨가 맑았던 것을 빼고는 지난주부터 거의 2주간 비가 멈추질 않고 있다. 회색 빛 하늘 때문일까? 마음마저도 가라앉는 느낌이 든다.

　난 비 오는 날씨를 별로 좋아하지 않는다. 비 내리는 날이면 잊지 않고 떠오르는 기억이 있기 때문이다. 아무리 떨쳐버리려 해도 머리카락에 달라붙은 껌처럼 지독하게 떨쳐지지 않는 기억. 어쩌면 그 기억의 파편에 가슴을 베이는 것이 싫어 비 오는 날을 좋아하지 않는 것인지도 모른다.

정확히 언제인지는 기억할 수 없지만 아마도 초등학교 1학년 때쯤이었던 것 같다. 수업을 하고 있는 도중에 갑자기 하늘이 어두워지더니 억수같이 비가 쏟아지기 시작했다. 우산이 귀한 시절이라 준비하지 못했는지, 아니면 깜빡 잊어버리고 우산을 가져가지 못했는지 모르겠지만 내게 우산이 없었던 것만은 분명했다. 어린 마음에도 어떻게 집에 돌아가야 할까 걱정되어 수업시간 내내 안절부절못했던 것 같다.

그날 비는 쉽게 멈추지 않았다. 수업을 모두 마치고 집으로 돌아가기 위해 교실을 나설 때까지도 비는 그치지 않았다. 오히려 보란 듯이 더욱 세차게 내리고 있었다. 우산을 준비해 온 친구들은 하나둘 집으로 돌아가는데 나 혼자 문 앞에 서서 발만 동동 구르며 어쩔 줄을 모르고 있었다. 거의 30여 분을 걸어야 하는 먼 거리를 비 맞으며 갈 자신이 없었기에 눈물이 날 것만 같았다.

그때였다. 저 멀리서 노란 비옷을 입고 교문을 걸어 들어오는 사람이 있었다. 뜻밖에도 그 사람은 바로 아버지였다. 그 당시 아버지는 집에 계시는 날이 많지 않았다. 전국을 떠돌며 이것저것 닥치는 대로 장사를 하거나 날품 파는 일을 했기 때문이다. 한 번 지방으로 가면 몇 달씩 집에 돌아오지 않으셨기에 평소에는 아버지의 얼굴을 보기 힘들었다. 어쩌면 오징어잡이 배를 타셨는지도 모른다. 그때쯤 집안에는 늘 오징어를 낚는 바늘이 있었으니까. 장사를 했는지 아니면 오징어잡이 배를 탔는지 정확히 기억할 순 없지만 그 날은 마침 아버지가 집에 계셨던 게 틀림없다. 아버지가 날 데리러 오신 걸 보면 말이다. 아무튼 뜻하지 않게 아버지의 모습을 발견한 난 마냥 신이 났다. 지금까지 살면서 그 순간만큼 기뻤던 적도 많지 않았을 것이다. 어떻게 집에 돌아가나 시름에 잠겨 있다 구세주를 만난 기분이니 어찌 행복하지 않을 것인가?

그런데 교문을 걸어 들어오는 아버지의 손에는 우산이 들려 있지 않았다. 달랑 비옷 하나만 걸치고 오신 것이다. 비 맞지 않도록 마중 나오는 사람이 우산을 들고 오지 않다니… 의아했다. 하지만 그 의문은 금세 풀렸다. 아버지는 우의를 벗더니 내게 등을 내미셨다. 집까지 나를 업고 갈 셈이었던 것이다. 내가 등에 엎드리자 아버지는 그 위에 다시 우의를 걸쳐 입으셨다. 노란 우의를 사이에 두고 나는 억수같이 비가 내리는 바깥세상과 완전히 단절되었다. 뺨에 닿은 아버지의 등을 통해 따뜻한 체온이 느껴졌다. 교문을 나서 집으로 돌아가는 길에 지나쳐 가는 아이들이 아버지께 등에 업은 게 누구냐고 묻는 소리가 들렸다. 난 속으로 '우리 아빠다. 우리 아빠가 나 마중 나온 거야'라며 자랑스럽게 대답했다. 불과 몇 분 전까지만 해도 퍼붓는 빗줄기 때문에 상심에 잠겨 있었지만 그때만큼은 정말 이 세상 그 누구도 부럽지 않았다. 세상을 다 가진 것 같은 행복감? 상투적이긴 해도 그때의 기분은 바로 그런 것이었다.

따뜻하고 넓은 아버지의 등은 나를 잠의 세계로 이끌었다. 잠시 도란도란 이야기를 나누다가 난 아버지의 등 뒤에서 시나브로 잠이 들고 말았다. 세상에서 제일 편하고 따뜻한 그곳에서 누군들 잠이 안 들고 배길 것인가? 집에 거의 다 이르러서야 구불구불한 골목길을 돌아 집 앞의 계단을 내려가는 느낌이 들었다.

"아빠, 여기가 어디야?"

아버지는 집에 거의 다 도착했다고 알려 주셨다. 집에 돌아와 비옷을 벗는 아버지의 얼굴과 가슴은 비로 흠뻑 젖어 있었다. 얼굴을 타고 흘러내리는 빗물을 닦기도 전에 아버지는 나를 먼저 꼭 껴안아 주셨다. 아무리 어린아이여도 30분을 쉬지 않고 걸으려면 꽤 무겁고 힘들었을 테지만, 더 무거운 삶의 무게를 군소리 없이 짊어지고 살아온 사람답게 아버지의 얼굴에서 그런 내색은 찾아볼 수 없었다.

그 이후의 일은 어찌 되었는지 안타깝게도 기억에 없다. 하지만 그때 아버지 등 뒤에서 느꼈던 그 따뜻한 체온만은 50년 가까이 지난 지금까지도 잊히지 않고 또렷하게 남아 있다. 지금까지 살아오면서 수없이 많은 날을 보냈지만 그때 아버지의 등에 기대어 잠이 들었던 때만큼 행복했던 순간은 없었으리라.

과거의 행복이 때로는 현재의 고통이 될 수도 있을까? 그때 느꼈던 행복
감이 너무나 강렬했기에 그 기억이 되살아날 때마다, 누구도 임종을 지키
지 못한 아버지의 허무한 죽음이 연상되어 내게 고통을 안기곤 한다. 그때
의 기억은 더없이 행복하고 소중하지만, 눈물 없이는 그 기억을 떠올리기가
힘드니 말이다. 그래서 난 비 내리는 날이 싫다.

아버지가 돌아가신 지도 어느덧 35년이 넘게 지났지만 비가 내리는 날이
면 어김없이 그때 일이 생각난다. 그리고 아버지의 등을 타고 온몸으로 전
해지던 따뜻한 체온과 노곤한 행복감이 지금도 느껴지는 듯하다. 그럴 때
마다 아버지가 무척이나 그리워진다. 손이라도 한번 잡아볼 수 있다면, 얼
굴이라도 한번 만져볼 수 있다면, 가끔은 꿈에서라도 볼 수 있다면 얼마나
좋을까? 너무나 보고 싶은 아버지. 다시 한번 그때 아버지의 따뜻한 체온
을 느껴볼 수만 있다면…
오늘도 아버지 생각에 눈시울이 뜨거워진다.

이제 알아요,
당신은
최선을 다하셨다는 것을

요즘은 어떤 과목으로 불리고 있는지 모르겠지만, 내가 초등학교에 다닐 때만 해도 '실과'라는 과목이 있었다. 초등학교 고학년이 되어야 편성되는 과목으로 바느질이나 요리, 책꽂이 만들기 등 생활에 필요한 소소한 일들을 가르치는 수업이었다. 하루는 선생님께서 복숭아를 사 오라는 숙제를 내주셨다. 실과 시간에 사용할 재료인 듯했다.

등교 시간, 아버지는 나를 데리고 마을 어귀에 있는 구멍가게로 가셨다. 그리곤 당시 내 주먹보다 작은 풋복숭아를 몇 개 사 주셨다. 지금 생각해 보면 풋복숭아도 아닌 개복숭아에 가까운 것이었다. 아버지가 사 주신 풋복숭아를 들고 가면서도 이걸 가져가도 되나 속으로 은근 걱정이 되었다.

아니나 다를까, 우려가 현실이 되었다. 실과시간이 되자 선생님은 준비해 온 복숭아를 꺼내라고 했다. 그날 실습의 주제는 과일을 깎아 접시에 담아 내는 것이었다. 낭패가 아닐 수 없었다. 과일 깎는 실습에 가져온 것이 초등 학생의 손바닥 반 크기도 안 되는 조그만 풋복숭아였으니 깎고 말고 할 것 도 없었다. 주위를 둘러보니 다른 아이들은 모두 자기 머리통만 한 복숭아 를 들고 왔다. 난 당황하여 얼굴이 새빨개졌다. 내가 꺼내 놓은 풋복숭아 를 본 선생님은 크게 야단을 치셨다. 이미 알 것 모를 것 다 알 만한 초등학 교 6학년이었기에 내가 느낀 창피함은 심장에 통증을 느낄 정도로 대단한 것이었다. 정말로 쥐구멍이 있다면 그 구멍 속으로 숨어버리고 싶었다.

그날 수업이 어떻게 끝났는지 기억이 나지 않는다. 그리고 그 후 무슨 일 이 있었는지도 모르겠다.

40년도 넘는 시간이 지났기에 세부적인 기억은 이미 지워지고 말았다. 하지만 그때의 당황스럽고 수치스러웠던 느낌만은 아직까지도 생생하게 남 아 있다.

그날 난 아버지를 원망했을까? 그리 효심 깊은 아들이 아니었으므로 아 마도 그랬을 것이다. 어쩌면 집으로 돌아가 아버지에게 화풀이를 했을지도 모른다. 하지만 세월이 너무 많이 흐른 탓인지 내 기억 속에 아버지에 대한 원망은 별로 남아 있지 않다. 대신 아버지를 이해하는 마음이 더욱 크게 자리 잡고 있다.

만약 그때 아버지가 실과 수업이 이루어지는 교실에 계셨다면 무슨 생각을 했을까? 아마도 아버지가 그 자리에 계셨다면 당시의 나보다 더 당황하셨을지도 모른다. 풋복숭아 앞에서 당황하여 얼굴이 새빨갛게 달아오른 아들을 본다면 아버지는 틀림없이 속상해서 눈물을 흘렸을 것이다. 누구보다 자식을 사랑하고 자상하게 대했던 아버지였기에 자신의 실수로 인해 아들이 곤혹스러운 상황에 빠진 모습을 봤다면 날카로운 칼에 심장이 베이듯 가슴이 아팠을 것이다.

아직도 한 번씩은 그날의 기억이 떠오르곤 하지만 난 아버지를 원망하지 않는다. 그것은 결코 아버지가 의도한 것이 아니었을 것이기에. 어느 부모인들 자식이 곤란한 상황에 처하는 것을 좋아하겠는가? 다만 당시의 형편이 그 정도밖에 안 되었을 뿐. 사는 게 넉넉하고 여유로웠다면 아버지도 분명 크고 좋은 복숭아를 사줬을 것이다. 돌이켜보면 그건 아버지의 잘못이 아니다. 그 당시 아버지는 당신이 할 수 있는 범위 내에서 최선을 다했을 것이므로.

나중에 내가 하늘로 돌아가 아버지를 만나 지난 이야기를 나누다 보면 그날의 일이 화제로 등장할지 모른다. 어쩌면 아버지는 그때 일을 기억하지 못하실 테고 그래서 내 이야기를 들으면 당황하실지도 모른다. 그러면 난 아버지의 손을 잡고 이렇게 말할 것이다.

"아버지, 괜찮아요. 다 지난 일인걸요. 아버지가 그때 최선을 다하셨다는 것을 잘 알아요. 고맙습니다, 아버지."

딱 한 번만
과거로
돌아갈 수 있다면

살다 보면 누구나 한 번은 돌아가고 싶은 과거의 순간이 있을 것이다. 그것이 인생의 가장 기쁜 순간이든 아니면 가장 슬픈 순간이든 상관없이, 기억 속에서 지워지지 않는 순간이 누구에게나 있기 마련이다. 내게는 1983년 9월 17일이 그런 날 중 하나이다. 지금으로부터 무려 37년 전의 어느 가을날. 오십이 넘는 세월 동안 모래알처럼 헤아릴 수 없이 많은 날들을 보내왔지만 그 날만은 내 기억 속에 아직도 또렷하고 생생하게 남아 있다.

그 날은 추석을 불과 나흘 앞둔 토요일 오후였다. 당시 난 대학 입시를 50일도 남겨 놓지 않은 고3 수험생이었다. 아버지는 간암 말기였는데 이미 몇 달 전에 3개월 시한부 인생을 판정받은 상태였다. 언제 돌아가실지 알수 없는, 삶의 의미를 찾을 수 없는 인생의 끝자락을 힘겹게 붙잡고 계셨다. 오전 수업을 마치고 학교에서 돌아온 나는 아버지께 간단하게 인사를 드린 후 곧장 내 방으로 들어갔다. 어머니와 누나는 생계를 위해 아픈 아버지를 대신하여 가게에 나가 있었고, 여동생은 학교에서 오지 않은 것인지 보이지 않았다. 어머니를 대신해 아버지의 병간호를 맡은 큰 이모만 아버지 곁에 있을 뿐, 직계 가족은 오로지 나 하나뿐이었다.

학력고사가 채 50여 일도 안 남았던 때라 공부를 핑계 삼아 아버지 곁이 아닌, 내 방에 머물러 있었지만 어쩐 일인지 그날은 공부가 손에 잡히지 않았다. 난 방바닥에 누워 멍한 상태로 빈둥거리며 시간을 보냈다. 무슨 생각을 했는지 기억할 수 없지만 아버지의 병을 현실로 받아들이지 못하고 있었음은 분명했다. 의미 없는 몇 시간이 지나고 문 밖으로 어스름하게 어둠이 깔릴 무렵, 갑자기 아버지가 계신 안방에서 이상한 소리가 들리는 듯했다. 무언가 다급하게 내지르는 듯한, 날카롭고 짧은 비명 같은 것이 들렸다. 순간 내 머릿속에 번개처럼 스쳐 지나가는 것이 있었다. 다름 아닌 큰이모가 내지른 소리라는 걸 알 수 있었고, 육감적으로 무슨 일이 생겼음을 느꼈다.

무엇을 생각할 겨를도 없이 스프링이 튕기듯 자리를 박차고 일어섰다. 당시 우리 집은 판잣집 같은 단독주택이었는데 길게 뻗은 부엌을 지나 마당으로 나온 후 다시 외벽을 따라 기다란 통로를 거쳐야 내 방으로 갈 수 있었다. 그 길을 마치 날듯이 지나 아버지가 계신 안방으로 향했다. 머릿속엔 이미 '죽음'이라는 단어가 가득 채워져 있었다. 제발 아버지가 살아 계시기만 바랐다. 마지막으로 한 번만이라도 살아 있는 아버지의 모습을 볼 수 있길. 하지만 아버지는 이미 돌아가신 후였다. 아버지의 사체 위에는 흰 천이 덮여 있었다.

맥이 탁 풀렸다. 사람의 머릿속이 백지처럼 하얗게 변할 수 있다는 걸 그때 처음 알았다. 어떻게 그 짧은 시간에 사람이 죽을 수 있는지 이해되지 않았다. 사실 날이 얼마 남지 않았다는 것은 알고 있었지만 그날 오후 아버지의 모습은 그렇게 허무하게 돌아가실 것 같지는 않아 보였다. 삶과 죽음이 멀리 떨어져 있는 것이 아니라, 삶이라는 문을 열면 바로 그 너머에 죽음이 있다는 걸 그때 처음 알았다. 너무 기가 막혀 눈물도 나오지 않았다. 겨우 몇 미터 거리에 있으면서도 돌아가시는 아버지의 마지막 모습을 보지 못했다는 것을 받아들이기 힘들었다. 아버지는 도대체 무엇이 그리 급하셨을까? 무엇 때문에 겨우 10초도 안 걸리는 그 짧은 거리를 달려오는 것도 못 참아 그리 급하게 가셔야만 했을까? 그날 우리 가족 중 그 누구도 아버지의 임종을 지키지 못했다. 유일하게 집을 지키고 있던 나 역시 아버지의 마지막 떠나시는 모습을 볼 수 없었으니 어떻게 그런 일이 있을 수 있을까?

그날만 생각하면 아직도 가슴이 아려 온다. 아버지의 마지막 모습을 보지 못했다는 안타까움과, 아버지 혼자 먼 길을 떠나시게 했다는 죄책감이 뒤범벅되어 뜨겁게 달궈진 쇠꼬챙이처럼 심장을 후벼 놓곤 한다. 그래서 그날의 기억이 떠오를 때마다 난 진저리를 치며 머릿속의 생각들을 떨쳐내야만 한다. 그래도 나의 고통은 참을 수 있다. 하지만 입장을 바꿔 아버지를 생각하면 쏟아지는 눈물을 참을 수 없다. 그날, 아버지는 얼마나 외롭고 서러우셨을까? 얼마나 눈을 감기 힘드셨을까? 어린 자식들을 두고 가는 마음이 얼마나 무겁고 한스러우셨을까? 다시는 돌아올 수 없는 그 먼 길을 떠나는 순간에도 사랑하는 가족의 얼굴을 그 누구도 볼 수 없었으니, 그처럼 기구한 운명이 또 있을까?

만약 타임머신이 있어 과거로 돌아갈 수 있다면 망설임 없이 아버지가 임종하시던 그날 오후로 돌아가고 싶다. 더욱 시간을 거슬러 아버지의 병을 막을 수 있는 시점으로 돌아갈 수 있다면 좋겠지만, 그것이 아버지의 운명이라면, 적어도 임종만은 지켜드릴 수 있는 순간으로라도 돌아가고 싶다. 하루 종일 아버지 옆에 앉아 말동무도 되어 드리고, 북어처럼 마를 대로 말랐던 손도 잡아드리고 싶다. 이 세상을 떠나면서도 결코 내려놓지 못했을 무거운 마음의 짐을 덜어 드리기 위해서, 그리고 먼 길 떠나는 아버지의 여행길이 서럽고 외롭지 않도록 말이다. 살아생전 쑥스러워서 한 번도 하지 못했던 말도 전하고 싶다. 사랑했다고, 진정으로 아버지를 사랑했다고.

　딱 한 번만이라도 그때로 돌아갈 수 있다면 좋으련만…

나에게도
품어줄
고향이 있다면

텔레비전을 보면 종종 도시생활을 접고 고향으로 돌아가 제2의 인생을 사는 사람들의 모습을 볼 수 있다. 그들은 모두 농어촌이나 산골 출신으로, 어릴 때 형제들이나 친구들과 함께 뛰놀던 옛 터전으로 돌아가 농사를 짓거나 자연인처럼 살고 있다. 그들이 사는 모습을 보면 경제적으로는 넉넉해 보이지 않지만 정신적으로는 도시 생활과 달리 꽤나 여유로워 보인다.

그들의 삶을 보면서 나는 심한 부러움을 느낀다. 내게는 돌아갈 고향이 없기 때문이다. '고향' 하면 대부분의 사람들은 정서적으로 '어머니의 품'과 같이 포근하고 아늑한 곳이라 여긴다. 삶에 지쳤을 때나 힘든 일이 있을 때, 혹은 위로받고 싶은 일이 있을 때 사람들은 곧잘 고향을 찾곤 한다. 고향에 가면 어린 시절 뛰놀던 산과 들, 강이나 개천이 남아 있고 그곳에서 같이 뛰놀던 친구들의 모습을 떠올릴 수 있기 때문이다. 동심으로 돌아가 그 시절의 추억을 떠올리다 보면 가슴 한 편에 난로를 켠 듯 따뜻해지는 느낌을 받을 수 있다. 마치 어머니의 품처럼 말이다. 정치하는 사람들조차 무언가 일이 제대로 안 풀리면 고향으로 달려가는 모습을 볼 수 있다. 그게 고향이 가진 알 수 없는 매력이고 고향의 힘일 것이다. 그래서 달려갈 고향이 있는 사람들은 마음 한 구석에 든든한 정신적 지주를 가지고 있는 것이나 다를 바 없다.

그런 면에서 고향이 없는 내 삶은 삶아 놓은 밤고구마처럼 퍽퍽하게 느껴질 때가 있다. 세상에 고향이 없는 사람이 있을 수 있겠냐만, 나의 고향은 더 이상 따뜻함을 주지 못하는 곳이다. 마음만 먹으면 언제든 갈 수 있고 지금의 주된 일터 또한 고향이긴 하다. 그러나 그곳은 이미 내 기억 속에 남아있는 옛날의 고향 모습이 아니다. 물리적인 고향은 남아 있되 정신적인 고향은 오래전에 사라지고 없다.

내 고향은 서울이다. 지금의 마포구 공덕동 로터리가 있는 지점, 그 언저리가 내가 태어난 곳이다. 너무나 크게 달라진 탓에 정확히 어디쯤인지도 모른다. 대략 그 근방이 아닐까 짐작할 뿐이다. 사실 그곳에서는 5년 정도의 짧은 시간만 보냈고 성인이 되기 전까지 어린 시절의 대부분은 서대문구 연희동과 홍제동에서 보냈다. 그러니 사실상의 고향은 마포가 아닌 서대문인 셈이다. 그러다 마흔 넘어 고향인 서울을 떠나 지금껏 일산에서 20년을 살고 있다.

너무 어렸던 탓인지 태어난 곳인 공덕동에 대한 기억은 하나도 남아있질 않지만 연희동에 대한 기억은 지금도 생생하다. 동네에는 키 작은 판잣집들이 정겨운 골목길을 사이에 끼고 다닥다닥 붙어 있어 모든 집을 마치 내 집처럼 스스럼없이 드나들었고, 맛있는 음식이 만들어지는 저녁이면 접시를 들고 심부름하는 일도 잦았다. 마을 입구에는 우물이 있어 동네 아녀자들이 모여 빨래를 하고 물을 긷기도 했다. 마을 곳곳에는 사용하지 않는 공터가 즐비했고 그곳에서 나와 친구들은 아침부터 밤늦게까지 시간 가는 줄 모르고 구슬치기며 자치기, 말뚝박기와 오징어 같은 놀이를 했다. 가끔은 옆 동네 친구들과 축구시합을 하기도 했고 보름이면 깡통을 가지고 쥐

불놀이도 했다. 마을 곳곳에는 배추며 쑥갓, 알타리 등 채소를 키우는 밭들이 즐비했고 길가에는 아무도 욕심내지 않는 호박이 주렁주렁 매달려 있었다. 마을 입구에는 재래시장이 있어 학교를 오갈 때마다 그곳을 지나며 정겨운 사람 냄새를 맡을 수 있었다. 마을 저 멀리로는 큰 개천이 흘러 그곳에서 고무신으로 배를 만들어 놀거나 조개껍데기를 줍기도 했고, 마을 뒷동산에는 메뚜기가 지천으로 널려 있어 강아지풀을 이용해 메뚜기 사냥을 하기도 했다. 밤이면 소쩍새 소리가 너무 선명하게 들리는 탓에 무서움을 느낄 정도였고 겨울밤이면 찹쌀떡을 파는 정겨운 목소리에 소리 없이 군침을 삼키기도 했다. 서울이긴 해도 본격적인 개발이 이루어지기 전인지라, 시골처럼 다양하고 풍부한 추억을 쌓지는 못했을지라도 나름 행복했던 기억이 남아 있다.

하지만 어릴 때 자라난 고향을 떠난 이래로 그곳은 더 이상 기억 속의 모습으로 남아 있지 않다. 내가 기억하고 있는 고향의 모습은 흔적도 없이 사라져 버렸고 지금은 고층 건물과 아파트만 즐비하게 들어서 있다. 그 시절, 친구들과 함께 뛰어놀았던 빈 터와 굽이굽이 골목을 끼고 있던 키 작은 집들은 더 이상 남아 있질 않다. 집집마다 밥이 익어가던 구수한 냄새는 더 이상 맡을 수 없고 매캐한 도시의 먼지 냄새가 그 자리를 대신하고 있다. 고향에 가도 옛 모습을 전혀 찾을 수 없고 가슴 설레는 느낌도 받을 수 없다. 마음 한 구석에 서려 있던 어린 시절에 대한 그리운 감정이 송두리째 뿌리 뽑혀 나가는 느낌이다.

어디 나뿐이랴. 대한민국에 개발의 광풍이 불기 시작하면서 고향을 잃은 사람들이 부지기수로 많아졌다. 지금 내가 살고 있는 일산만 해도 누군가에게는 소중하게 기억하고 싶은 고향일 것이다. 이곳만 해도 1기 신도시가 만들어지기 전까지는 시골의 모습을 간직하고 있었으므로 이곳에서 나고 자란 사람들의 기억 속에는 정겨운 고향의 모습이 고스란히 남아 있을 것이다. 하지만 그들 역시 고향이 그리워도, 고향에 대한 향수가 목까지 차올라도 그 그리움을 달래줄 고향이 남아 있질 않으니 아쉬움이 클 것이다. 일산이나 분당만큼 개발 전과 개발 후가 극적으로 달라진 곳이 또 어디 있으랴. 그렇게 시간이 갈수록 고향을 잃어버리는 사람들이 늘어나고 있다.

가끔은 나도 고향이 있었으면 좋겠다는 생각이 든다. 삶이 힘들고 고달플 때, 주저앉아 엉엉 소리 내어 울고 싶을 때, 알 수 없는 울분이 목까지 차올라 가슴이 터질 것 같을 때, 이유 없이 따뜻한 사람의 온기가 그리워질 때, 왜 왔느냐 묻지 않고 그저 넉넉한 웃음으로 반겨줄 수 있는 그런 고향이 있었으면 좋겠다. 그곳에 가서 어린 시절을 함께 보냈던 친구들과 막

걸리 한 잔 나누며 밤새 정겨운 이야기들을 나누어 보고 싶다. 비록 반겨 줄 사람도, 같이 이야기를 나눌 옛 친구도 없겠지만 그곳에 가는 것만으로도 위안받을 수 있는 그런 고향이 있었으면 좋겠다. 하지만 이제는 가고 싶어도 갈 수 없고, 가보고 싶어 찾아가도 옛 추억을 되살릴 수 있는 공간이 남아 있질 않으니 이처럼 안타깝고 원통한 일이 어디 있으랴. 아무리 힘든 일이 있어도, 아무리 사람의 온기가 그리워도, 아무리 어머니의 손길처럼 따뜻한 느낌이 그리워도 돌아갈 고향이 없으니 애석하고 또 애석하기만 할 뿐이다.

그래서 난 돌아갈 고향이 있는 사람들이 그렇게 부러울 수가 없다.

옛날이 그리워지는
이유는
무엇일까

간혹 초등학교나 중고등학교 동창들을 만나 이야기를 나누다 보면 나도 모르게 추억 속에 빠져들곤 한다. 초등학교 친구들과는 조개탄을 피운 난로 위에 김칫국물이 벌겋게 스며든 도시락을 데워 먹던 이야기며, 수업하다 말고 산불을 끄기 위해 뛰쳐나갔던 이야기, 조금 더 커서 만난 친구들과는 기차 뒤편에 탄 다른 학교 여학생들을 향해 창문 밖으로 상반신을 내밀고 휘파람을 불었던 수학여행 이야기와 선생님 몰래 자율학습을 빼먹고 친구들과 어울려 일탈을 즐기던 이야기 등을 시간 가는 줄 모르고 나눈다. 그럴 때면 어찌나 즐거운지 웃음이 끊이질 않는다. 다들 그때가 그립다고 한다.

지나간 일은 누구에게나 아름답게 기억되는 것일까? 사람들은 종종 지난 시절을 되돌아보며 애잔한 그리움을 느끼곤 한다. '응답하라 1900'라는 이름의 드라마 시리즈가 인기를 끌었던 이유 중 하나도 그 시절의 아련한 추억 때문이 아니었을까 싶다. 간혹 나이 어린 사람들도 지난날들을 돌아보며 아련함을 느끼지만 나이 든 사람들일수록 더욱 옛날을 그리워한다. 그러면서 그때가 좋았다며 옛 시절의 추억을 되짚는다. 하지만 정말 그 시절이 살기 좋았을까?

지금 나이 든 사람들의 어린 시절은 우리 집을 비롯해 주위 사람 모두가 다 가난했다. 오죽했으면 똥구멍이 찢어질 정도로 가난했다고 할까? 쥐가 들끓는 손바닥만 한 판잣집에서 온 가족이 부대끼며 지내야 했고, 먹을 것이 없어 도시락을 싸오지 못하고 수도가에서 물로 배를 채우는 친구들도 있었다. 맛난 간식은 구경하기 어려웠고 밥조차 배불리 먹기 힘들었다. 하루 벌어 하루 먹고살며, 내일은 또 무엇으로 끼니를 때울지 걱정하느라 잠 못 이루는 사람도 부지기수였다. 하루 앞을 내다볼 수 없을 정도로 산다는 것이 막막하던 시절이기도 했다. 내 기억 속에 자리 잡고 있는 어린 시절은 가족을 책임져야 하는 경제적 부담이 없었기에 마냥 그립기만 하지만, 만약 나의 부모 세대 사람들에게 물어도 그때가 그립다고 할까? 가난이 그림

자처럼 지긋지긋하게 몸에서 떨어지지 않던 시절이었는데 말이다. 오히려 물질적으로는 지금이 비교할 수 없을 정도로 풍요로운데도 불구하고 왜 사람들은 그 시절을 그리워하는 걸까?

어쩌면 공간 때문인지도 모른다. 공간을 잃어버렸기 때문에 우리는 가난했던 어린 시절을 그리워하는 것인지도 모른다. 난 서울에서 나고 자랐지만 어린 시절 기억 속에는 아파트라는 것이 거의 없었다. 대부분의 집이 낮은 지붕과 마당을 가진 단독주택이었다. 모든 집의 대문은 열려 있었고 친구를 찾아, 혹은 어머니가 접시에 담아준 음식을 들고 이웃집을 스스럼없이 드나들었다. 모든 이웃이 친척이었고 온 동네가 하나의 공동체였다.

그 시절에는 주변의 모든 곳에 빈 공간이 차고 넘쳤다. 나와 친구들은 집을 벗어나 온 동네를 휘젓고 다녔다. 발 닿는 곳 어디에나 산이 있었고 개울이 있었고 들이 있었으며 곳곳에 빈 땅이 널려 있었다. 그곳에서 우리는 아침부터 밤늦게까지 시간 가는 줄 모르고 하루를 꽉꽉 채워 놀았다. 어린 시절의 기억 속에는 공간의 제약이라는 것이 거의 없었다. 온 동네, 그리고 발 닿을 수 있는 어느 곳이나 모두 놀이터가 되었다. 시간의 제약도 없었다. 피아노 학원이나 미술학원을 갈 일도 없었고 목숨 걸고 입시공부에 매달릴 일도 없었다. 사방에 널린 공간 속을 자유롭게 뛰어다니며 시간을 보냈다. 그리고 그 모든 공간 속에는 항상 친구들이 함께했다.

공간은 추억이 쌓이는 곳이다. 지나간 시간의 추억은 공간을 통해 만들어진다. 공간이 넓고 많다는 것은 만나는 사람도, 같이 어울릴 수 있는 사람도 많다는 이야기일 수 있다. 그러므로 공간의 넓이는 추억의 깊이를 좌우한다. 공간의 넓이가 넓을수록 쌓이는 추억도 많게 마련이다. 우리의 어린 시절이 살기 좋았다고 느껴지는 건 질적으로 풍부해서가 아니라, 흐뭇하게 미소 지으며 되돌아볼 추억이 많기 때문일 것이다. 그 모든 추억은 우리가 살던 주변의 공간을 통해 만들어졌다.

지금 우리의 아이들은 공간을 잃어버렸다. 마당조차 없는 좁은 아파트가 전부이다. 뛰어놀 수 있는 공간이라고는 아파트 단지 안에 자리한 손바닥만 한 놀이터나 학교 운동장이 전부이다. 산도 사라지고 들도 사라지고 개울도 사라졌다. 그곳에 있던 메뚜기나 개구리, 야생동물들도 사라져 버리고 없다. 천적이 사라진 매미들만 귀가 따갑게 울어 댄다. 마음껏 뛰어놀 수 있는 공간도 없고, 탐험해야 할 미지의 세계도 없으며, 관찰해야 할 자연도 없다. 오로지 비좁은 아파트와 학교 교실을 오갈 뿐이다. 사춘기를 지나면서는 거실에서 지내는 일도 없다. 오로지 두 평 남짓한 자기 방에 틀어박혀 하루를 보낸다. 기껏 집을 벗어나 봐야 노래방을 가거나 분식점을 떠도는 게 전부다.

공간이 사라지면서 공간을 함께 채울 친구들도 줄어들었다. 오픈된 공간에서는 낯선 아이들조차 스스럼없이 친구가 되지만 폐쇄된 공간에서는 그 관계가 지극히 한정적일 수밖에 없다. 좁은 공간을 채울 수 있는 친한 친구 몇 명만이 추억을 함께할 뿐이다. 그러니 간직해야 할 추억도 그만큼 줄어들고 말았다. 공간을 뛰어노는 기억은 컴퓨터나 스마트폰 같은 IT 기기들로 대체되고 말았다. 이 아이들이 어른이 되었을 때 무엇을 기억하고 무엇을 추억할 수 있을까?

어른들이라고 해서 다를 바 없다. 그들에게도 과거의 추억은 남아 있지만 그 추억이 담긴 공간은 사라지고 없다. 공간이 사라지면서 공간을 함께 채웠던 사람들은 뿔뿔이 흩어지고 말았다. 그들과의 관계는 끊어져 버리고, 옛날만큼의 새로운 추억도, 새로운 관계도 만들어내지 못하고 있다. 만약 공간이 남아 있다면 지금보다 못 살았던 옛날이 그립다는 생각은 들지 않을지도 모른다.

우리는 가난한 시절이 그리운 것이 아니라, 그 시절을 함께했던 우리 주위의 공간, 그리고 그 공간을 함께 채웠던 사람들과의 추억을 그리워하는 것이 아닐까.

수정이에게

수정아, 오랜만이야.

그곳에서는 잘 지내고 있니?

네가 그곳으로 간지 벌써 8년이 지났구나.

폭풍처럼 몰아치는 삶의 고단함에 네 생각을 까마득하게 잊고 지내다가도 문득 한 번씩 네 생각이 떠오르곤 해.

기억나니? 우리가 언제 처음 만났는지?

널 처음 본 건 초등학교 6학년 때였어.

넌 정말 예쁘고 단아했지.

마치 아네모네처럼 수수하고 화려하지 않게 빛나면서도 어딘가 기품이 느껴지는 모습이었어. 참 고왔지. 새까맣고 촌스럽기만 한 같은 반 친구들 가운데서 넌 마치 다른 세상에서 온 사람처럼 빛이 났어. 새하얀 피부에 예쁘장한 얼굴. 널 볼 때마다 참 즐거운 생각이 들었어.

어느 날인가 네가 음악시간에 친구들에게 가르쳐줬던 노래가 생각난다.
'나는 숲 속의 음악가 조그만 다람쥐.
아주 익숙한 솜씨로 바이올린 켜지요.
삐리릴릴리 삐리릴릴리 참 잘하지요.'
그전까지는 들어본 적 없는 노래였지만 네 덕분에 우리 모두는 새로운 노래를 익힐 수 있었어. 네가 한 소절씩 노래를 불러주고 우리는 네 노래를 따라 했는데, 기억나는지 모르겠구나. 꾀꼬리 같은 목소리로 한 소절 한 소절 노래를 불러주며 친구들이 따라 부르길 기다리던 모습을 난 아직도 생생하게 기억해. 부끄럽지만 그때 네 모습은 정말 예뻤어.

세월이 아주 많이 지나 20년 만에 다시 만났을 때, 널 보며 깜짝 놀랐어. 주위의 어둠마저 밝힐 것처럼 화사하게 빛나던 너의 얼굴에서 광채가 사라지고 삶의 고통에 찌든 빛이 역력했거든. 무엇보다 가부장적이고 보수적인 남편을 만나 통금시간을 지키지 않으면 안 된다며 동창회 자리마저 허겁지겁 박차고 일어나던 네 모습이 가슴 아팠어.

너와 함께한 시간이 턱없이 짧았기에 너에 대해 아는 것이 거의 없지만 아마도 넌 꿈이 많았을 거야. 어린 시절 본 너의 모습은 무척이나 야무지고 똑 부러지는 것 같았거든. 하고 싶은 것도 많았고 이루고 싶은 것도 많았겠지. 아마도 여건이 됐다면 넌 하고자 했던 모든 걸 다 이뤘을 거야. 그런 네가 마치 인형의 집에 나오는 로라처럼 갇힌 삶을 살면서 자신의 꿈을 포기해야 하는 걸 보면서 무척이나 가슴 아팠어.

마지막으로 만난 것이 용희의 카페 개업식이었던 것 같다. 그게 너의 마지막 모습일 거라고는 전혀 상상할 수 없었기에 어느 날 바람에 밀려온 낙엽처럼 훅 던져진 네 부고가 더욱 가슴 아팠어.

못된 친구.

무엇이 급해서 그리 서둘러 가버렸니, 친구야.

서로 멀어져 안부를 주고받을 수는 없어도 같은 하늘 아래 사는 것과 서로 다른 세상에 사는 것은 완전히 다른 얘기일 텐데 그리 허망하게 가버리고 말았으니 생각할수록 눈물이 나고 안타깝기만 하다.

수정아, 그곳은 편하니?

그러길 바라.

부디 그랬으면 좋겠어.

네게 어떤 마음의 빚도 없지만 네가 그곳에서 행복해야만 내 마음도 편
해질 것 같아.

그곳에서는 어린 시절 빛나던 광채를 되찾았겠지?

보고 싶다 친구야.

오늘따라 왜 이렇게 네 얼굴이 떠오르는지 모르겠구나.

그때 그 친구는
어떻게
지내는지

아마도 초등학교 3학년 때쯤이었던 것으로 기억한다. 졸업한 학교는 홍연 초등학교지만 그때 내가 다니던 학교는 연희초등학교였다. 당시에는 학교가 그리 많질 않았으니 다양한 지역에서 다양한 아이들이 모여들었는데, 대개는 '똥구멍이 찢어지게' 가난한 아이들이었다. 부자라고 해봐야 극히 일부였을 뿐, 대다수는 가난한 동네에서 온 아이들이었다.

어느 날인가 수업시간에 갑자기 한 여자 아이가 소리를 지르며 경련을 일으키기 시작했다. 눈은 허옇게 뒤집혔고 입에서는 거품이 흘러나왔다. 사지는 주체할 수 없이 떨렸고 그 아이는 이미 정신을 잃은 상태였다. 담임 선생님은 너무 놀라 비명을 지르며 꼼짝도 못 하고 서 계셨고, 다른 반에서 수업을 하던 남자 선생님들이 달려와 그 아이를 들춰 업고 어디론가 사라 졌다. 친구가 떠나자 아이들은 마치 재미난 구경이라도 한 듯 깔깔대며 웃 기 시작했다. 그때 내가 웃었는지 웃지 않았는지 잘 기억나지 않지만 친구 들이 와 하고 웃음을 터뜨리며 떠들어대던 것은 기억이 난다. 그때였다. 선 생님의 날카로운 외침이 들려왔다. 친구가 아파서 쓰러졌는데 뭐가 즐거워 서 웃고 떠드냐는 질책이었다.

나이가 들어서야 그날의 해프닝이 얼마나 비극적인 것인지 알게 되었다. 우리 집도 가난하기는 마찬가지였지만 그 친구의 집은 지독히도 가난했던 모양이다. 당시만 해도 상대적으로 가장 가난했던, 지금은 서대문 자연사 박물관이 자리 잡고 있는 그 언덕배기 일대가 그 아이의 집이 있던 곳으로 기억한다. 거의 대부분의 집들은 쓰러져가는 무허가 판잣집이었고 제대로 끼니를 챙겨 먹기도 힘든 사람들이 살았던 곳이다. 먹을 것이 바닥나 더 이 상 버틸 수 없을 때면 부모들은 어디선가 술을 담그고 남은 찌꺼기를 얻어 와 자식들을 먹이곤 했는데 그날 그 친구도 술 찌꺼기를 먹고 등교를 했던 모양이다. 비록 배가 고파 먹기는 했지만 열 살밖에 안 된 어린아이에게 술 찌꺼기는 감당하기 힘들었을 것이다. 여전히 알코올 성분이 남아 있었을 것이고 그것이 발작의 원인이었을 것으로 추측한다.

벌써 45년 전 일이지만 지금도 그 기억은 또렷이 남아 있어 종종 방심한 마음을 비집고 기억 속에 떠오르곤 한다. 그리고 그 기억이 떠오를 때마다 내 가슴을 아프게 후려 파곤 한다. 우리 집도 가난하긴 마찬가지였으나 그래도 밥은 굶지 않았건만, 밥조차 먹을 수 없었던 가난의 한가운데 내팽개쳐져야 했던 열 살 아이의 삶은 얼마나 힘들고 퍽퍽했을까? 간혹 살을 빼기 위해 혹은 피치 못할 사정으로 인해 한 끼라도 굶을라치면 배고픔을 참기가 어려운데, 밥을 먹는 날보다 굶는 날이 더 많았을 그 아이는 삶이 얼마나 고통스러웠을까? 뒤늦게서야 그 아이의 사정을 알고 이해하는 것처럼 이렇게 글을 쓰고는 있지만, 과연 내가 짐작하는 괴로움이 그 아이가 직접 겪었을 고통의 만 분의 일이라도 될까?

세월이 너무 많이 흘러 그 친구의 이름도 알 길 없고, 얼굴도 떠오르지 않는다. 지금 그 친구는 잘 살고 있을까? 부디 그랬으면 좋겠다. 어린 시절의 아팠던 기억들을 모두 떨쳐버리고 지금은 보란 듯이 잘 살았으면 좋겠다. 그 친구에 대한 기억이 떠오를 때마다 난 그러리라 믿는다. 그래야만 세상이 조금이라도 살 만한 곳이라고 느낄 수 있을 것 같아서 말이다.

지식이
아닌
문화의 차이

아이들에게 간식이라도 해줄 요량으로 인터넷에서 레시피를 찾다가 누군 가의 블로그에서 '양갈비를 마리네이드한다'라는 문장을 보았다. 먹방과 요 리 프로그램의 홍수, 그리고 생활수준의 향상으로 서양 음식을 접할 기회 가 흔해졌으니 '마리네이드marinade'라는 단어가 일반 사람들에게도 낯설 지 않은 시대다. 그러나 만약 내가 요리에 관심이 없었다면 여전히 그 단어 를 어색하게 여겼을지도 모르겠다.

대학을 다니던 어느 해인가 있었던 일이다. 누나가 병에 든 오렌지 잼을 하나 사 왔는데 라벨에 '마멀레이드marmalade'라고 쓰여 있었다. 처음 본 단

어였기에 그 의미가 궁금했다. 마침 누나도 궁금했는지 내게 '마멀레이드'
가 뭐냐고 물어왔다. 아마도 누나의 기대 속에는 그 궁금증을 해결해줄 시
원한 답이 들어 있었을 것이다. 하지만 난 마멀레이드가 무엇인지 몰랐고
누나의 질문에 대답하지 못했다. 기어들어가는 목소리로 모르겠다고 하자
누나가 대뜸 한 마디 했다.

"너는 왜 고대까지 다니는 애가 아는 게 없니?"

이전에도 누나는 종종 내게 무언가를 물어보곤 했지만, 나는 답을 준 적
보다 모르겠다고 말한 적이 더 많았다. 그랬으니 누나의 핀잔은 나름 타당
한 것이었다. 글쎄, 나는 왜 아는 게 없을까? 부족한 상식 수준에 대한 부끄
러움으로 내 얼굴이 붉게 달아올랐다.

누군가의 블로그를 둘러보다가 30년도 넘게 지난 그 시절 누나의 질문
과 당황하던 내 모습이 불현듯 떠올랐다. 동시에 그때 내가 대답할 수 없었
던 이유가 함께 생각났다. 그건 지식의 문제가 아니라 문화의 문제였던 것
이다. 즉 내 상식이 부족했다기보다는 내가 경험한 문화의 수준이 누나의
질문에 대한 답을 찾기에는 적합하지 않았던 것이다.

개인의 문화 수준은 자라난 주변 환경 그리고 주변 사람들과의 상호작용을 통해 완성된다. 다양하고 풍부한 경험을 할 수 있는 경제적 여건과 주변 여건을 가진 사람들은 문화의 수준이 넓고 깊어질 수 있지만, 경제적으로나 주위 여건상 그럴 수 없었던 사람들은 제한된 문화 수준을 가질 수밖에 없다. 요즘에야 미디어와 인터넷의 발달로 인해 낯선 분야에 대한 지식을 쌓기가 그리 어렵지 않지만 적어도 내 젊은 시절에는 그러했다.

어릴 때 우리 집은 무척 가난했다. 당시만 해도 대부분의 가정이 어려웠기에 특별히 우리 집만 가난했다고 할 수 없지만 유난히도 우리 집은 '없는 티'를 내며 살았던 것 같다. 바나나를 처음 먹어본 게 아마도 대학에 진학하고 나서인 듯하고, 고기를 구워 먹거나 회라고 불리는 날 생선을 먹어본 것도 대학원에 진학하고 난 이후가 처음이었다. 그러다 보니 밥 대신 빵을 먹는 일도 흔치 않았기에 당연히 잼에 대해서는 지식이 있을 리 만무했다. 잼을 먹어봤다고 해도 흔한 딸기잼 정도일 뿐, 껍질을 함께 넣어 만든 '마멀레이드' 같은 잼은 접해볼 기회가 전혀 없었다. 어머니 혼자 힘겹게 꾸려갔던 가계에서 내가 경험할 수 있는 문화의 범위는 너무나 좁았다. 이후 경제가 좋아지면서 사람들의 생활수준도 높아졌지만, 여전히 우리 집은 가난의 굴레에서 벗어날 수 없었기에 내 문화적 경험의 한계치도 성장의 키를 멈출 수밖에 없었다.

대학원을 졸업할 때까지 난 피자를 먹어본 적이 없었다. 그 말인즉, 피자라는 것을 처음으로 접해본 것이 대학원을 졸업한 이후라는 것이다. 당연히 그 전까지만 해도 피자에 대해 보지도 못했고 듣지도 못했기에 그런 것이 있는 줄도 몰랐다. 드라마 '응답하라 1988'을 보면 덕선이와 친구들이 피자를 먹는 장면이 있는 것으로 보아 이미 피자는 내가 대학원을 졸업하던 1992년 이전부터 존재했음이 분명하지만 내게는 존재하지 않는 세상이었다.

대학원을 졸업하고 직장생활을 하던 어느 날, 우연히 대학을 같이 다녔던 여자 후배들과 연락이 닿아 마로니에 공원이 있는 대학로에서 만나게 되었다. 저녁을 먹기 위해 어느 피자집에 가게 되었는데, 그 자리에서 내 문화적 경험의 한계를 적나라하게 드러내는 실수를 하고 말았다. 비어 버린 흰색 종지를 가리키며 아르바이트생을 향해 "오이지 좀 더 주세요"라고 당당하게 말했던 것이다. 단 한 번도 피자라는 것을 먹어본 경험이 없었기에, 그것을 '피클'이라 부른다는 것은 이미 내 상식의 한계를 벗어난 일이었다. 그건 영어 단어의 구사력이 낮아서가 아니라, 내 문화적 경험 속에 피자와 오이피클이 차지하는 공간이 없었기에 어찌 보면 당연한 실수이기도 했다. 가보지 않은 낯선 나라에 대해 그 무엇도 말할 수 없듯, 경험해보지 못한 피자의 세계에서 난 어찌 보면 예정되어 있던 실수를 한 것인지도 모른다.

일상생활 속에서의 지식은, 때로는 문화적 경험의 빈곤에 의해 제약당하곤 한다. 특히나 명품 브랜드 앞에서는 더욱 그렇다. 명품 옷, 명품 가방, 명품 시계, 명품 향수. 요즘은 먹거리에도 알 수 없는 이름들이 어지럽게 나붙곤 하지만 여전히 난 그 이름들 앞에 취약하기만 하다. 심지어는 패스트푸드점이나 커피 전문점에 들어가 주문할 때도 곤혹스러운 경우가 많다. 때문에 난 명품을 좋아하지도 않고 관심도 없다. 누군가 명품에 관해 이야기할 때마다 부끄럽지는 않지만 은근 주눅이 드는 것마저 숨길 수는 없다.

그러나 어쩌랴. 아버지는 열심히 살았지만 우리 집은 지독히도 가난했고, 그 가난 속에서 태어난 내가 살아온 환경이 명품보다는 값싼 제품들에만 눈이 가도록 길들여져 있었던 것을. 그로 인해 나의 문화적 경험의 상대적 크기도 그 수준에 머무를 수밖에 없었던 것을. 내가 처한 환경을 인식하지 못하고 누군가 주변 사람들을 의식해서 내 본모습을 잊어버리기보다는 조금 부족하더라도 나의 내면세계를 솔직히 드러내는 것이 더 떳떳하지 않겠는가? 그러기에 나는 명품에 대한 나의 무지가 그리 부끄럽지 않다.

이제는
미룰 시간이
많지 않음을

작년 가을, 같은 회사에 근무하던 후배로부터 느닷없이 문자 하나가 날아들었다. 내가 처음 직장생활을 시작했던 회사에서 첫 번째로 모셨던 임원 분께서 갑작스럽게 돌아가셨다는 것이다. 그것도 전철 안에서 앉은 채로. 불과 몇 달 전까지만 해도 내게 전화해 좋은 책을 썼다며 칭찬해 주실 정도로 정정하셨기에 그분의 작고 소식은 내게는 적잖게 충격적인 것이었다. 게다가 집과 가족 근처가 아닌 곳에서 맞이한, 어쩌면 비극적이라고 할 수 있는 죽음에 한 동안 뛰는 가슴을 진정할 수 없었다.

그분이 돌아가신 걸 알고 난 후 제일 먼저 든 생각은 후회스럽다는 것이었다. 꼭 한 번 찾아뵙겠노라 약속했고 실제로 그럴 생각이었건만 이제 다시는 지킬 수 없는 공허한 약속이 되어버렸기 때문이다. 내가 사는 곳과 그리 멀지 않은 곳에 살고 계셨기에 마음만 먹으면 찾아뵙는 건 그리 어렵지 않은 일이었건만 이런저런 핑계로 차일피일 미루다 보니 그만 영원히 때를 놓치고 만 것이다. 나도 모르게 고무풍선에서 바람이 빠지듯 한숨이 푹 새어 나왔다.

그분은 내가 사회에서 가장 처음 만난 임원이었다. 제일 먼저 발령받은 연구소의 소장으로 부임해 오시면서 인연이 시작되었다. 아무것도 모르고 패기 하나로 좌충우돌하던 내게 체계적으로 업무의 기본을 가르쳐준 사람이 그분이고 사회생활의 어려움을 온몸으로 깨닫게 해준 사람도 그분이었다. 엄격했지만 나에 대해서는 늘 신뢰를 보내주셨던 분이다. 대리에서 과장으로 진급하던 날, 그분은 내게 이제 관리자가 되었으니 더 이상 야단치지 않겠노라 말씀하셨다. 그 말을 뒤집어보면 더욱 좋은 관리자가 될 수 있도록 그동안 일부러 하드 트레이닝을 시켰음을 알 수 있다. 실제로 과장이 된 이후 그분은 내게 단 한 번도 싫은 소리를 하신 적이 없다. 말로 뱉은 것을 늘 실천으로 옮기셨던 분이다. 더불어 외환위기라는 어려운 상황에서도 일리노이 대학에서 경영학 석사 과정을 공부하며 인생 최고의 순간을 보낼 수 있도록 내게 기회를 주신 분이기도 하다. 여러 가지 면에서 도움을 많이 주셨고 거의 10여 년 동안을 같이 지냈기에 공유하는 기억도 많다.

나는 몇 차례 부서를 옮긴 끝에 처음 몸 담았던 직장을 떠나고 그분도 회사를 그만두면서 서로 연락이 끊겼다. 그분은 그분대로 이후에도 활발한 사회활동을 하셨고 나 역시 인생 최고의 경력을 쌓는 과정에서 바쁘게 지내다 보니 서로에 대한 생각은 까맣게 잊고 지냈다. 그러다가 내가 회사를 그만두고 백수가 되어서야 다시 연락이 이어졌는데 무려 15년 만이었다. 그때 바로 찾아갔더라면 좋았으련만, 여전히 어렵기도 하고 한편으로는 귀찮다는 생각이 들기도 해 언제 한 번 가뵙겠다는 막연한 다짐만 한 채 기약 없이 방문을 미루고 있었다. 그러다가 내가 쓴 책이 새로 나오게 되어 그분께도 한 권 보내 드렸다. 그분은 내가 보내 드린 책을 읽어 보시고 친히 전화를 걸어오셨다. 그리곤 좋은 책이라며 아낌없이 칭찬을 건네셨다. 미안한 마음에 한 번 찾아뵙겠다고 말씀드렸지만 마침 새로운 책의 출간이 오늘 내일 하고 있었기에 그 책이 출판되면 찾아갈 생각이었다. 그렇게 또 속절없이 시간이 흘렀다.

운명은 그렇게 정해진 것일까? 출간하기로 한 새 책의 출판이 기약 없이

미뤄지고 그 사이 시간은 걷잡을 수 없이 지나갔다. 책이 나오기 힘들어지는 것 같았지만 여전히 나는 그분을 찾아뵐 생각을 하지 않고 있었다. 그러던 와중에 그분이 심장마비로 돌아가셨다는 소식을 듣게 된 것이다. 후배를 통해서 그분의 부고를 듣는 순간, 난 무너지듯 자리에 주저앉고 말았다. 너무나 허무하고 후회스러웠다. 집에서 그리 먼 곳도 아니었기에 마음만 먹으면 언제라도 손쉽게 다녀올 수 있는 거리였는데 왜 그토록 미루었는지. 이제는 찾아뵙고 싶어도 그럴 수 없는 입장이 되고 나니 미루기만 한 것이 무척이나 후회스러운 한편으로 죄스러운 마음까지 들었다.

우리는 살면서 많은 것들을 뒤로 미루며 산다. 공부도, 일도, 사람도, 그리고 사랑도…. 귀찮다는 이유로, 그냥 하기 싫다는 이유로, 내키지 않는다는 이유로, 자신 없다는 이유로, 혹은 아무 이유 없이 그냥 무기력하다는 핑계로. 하지만 그렇게 뒤로 미룬 일들은 언젠가는 후회로 다가오는 게 세상살이의 이치인 것 같다. 미루는 습관 때문에 인생을 돌아보면 늘 만족스러운 일보다 후회스러운 일이 더 많이 남아있는 것 아닐까?

붙들고 있을
소중한 기억이
있다는 것

전국을 돌아다니며 장사나 노동일, 혹은 오징어잡이 배를 타던 아버지가 오랜 외지 생활을 정리하고 홍제동 인왕시장 한 편에 자그마한 옷가게를 마련한 것은 내가 초등학교 4학년 때였다. 비로소 다섯 식구가 한 집에서 얼굴 마주 보며 안정적인 삶을 누릴 수 있게 된 것이다. 하지만 가게를 시작한 이후에도 아버지의 삶은 녹록지 않았다. 1년 365일 하루도 쉬지 않고 늘 아침 일찍 나가 자정이 다 되어서야 집으로 돌아오곤 하셨기에 아버지와 함께할 시간이 많지 않았다. 그런 연유로 아무리 기억을 더듬어봐도 아버지와 함께 산 19년 동안 떠오르는 추억이 별로 없다. 일상 속에서 파편처럼 조금씩 떠오르는 기억이 있긴 하나, 함께 여행을 하거나 나들이를 가 본 기억은 거의 남아 있질 않다. 아버지가 그리울 때마다 가끔은 어린 시절 같이했던 시간들을 추억하고 싶지만 워낙 함께한 시간이 부족하다 보니 되새길 순간이 없어 아쉽기만 하다.

그 빈곤한 기억의 창고 속에서 딱 한 번 아버지와 함께했던 순간이 떠오른다. 아버지가 서울에 자리를 잡으셨던 때인지, 여전히 지방을 돌며 허드렛일을 하셨던 시절인지는 모르겠다. 아버지가 갑작스럽게 나들이를 제안했다. 기억나진 않지만 아마도 집에 계신 아버지를 보며 나들이를 가자고 내가 조르지 않았을까 싶다. 어쨌거나 우리 가족은 나들이를 떠나기로 했고, 처음으로 떠나는 가족들만의 나들이에 우리 세 남매는 무척이나 들떠 있었다. 목적지는 동물원이 있는 어린이 대공원으로 정해졌고 나는 잔뜩 흥분했을 정도로 기대감에 가득 차 있었다.

그러나 인생은 계획대로 되지 않는 법. 안타깝게도 그날은 몹시도 추운 겨울날이었다. 날씨가 너무 추운 탓에 모든 동물이 사육사에 들어가 있었다. 당시만 해도 따뜻한 실내 전시관 같은 것은 없었기에 우리는 거의 허탕을 치다시피 했다. 많은 동물을 볼 수 있을 것이란 기대감은 실망감으로 바뀌고 말았다. 잔뜩 부풀었던 풍선이 터지듯 기대감은 날아갔지만 온 가족이 함께했다는 것만으로도 그날의 나들이는 만족스러웠다. 벌써 40여 년이 다 된 낡은 기억이지만 그날의 기억은 내 머릿속 깊은 곳에 소중한 추억으로 자리하고 있다.

아버지와 함께 나눈 기억이 없기 때문일까? 아이들이 태어나고 나서 나는 주말만 되면 가족 나들이에 나섰다. 때로는 일주일 정도 길게 여행을 한 적도 있지만 주말마다 1박 2일 혹은 당일치기로 짧은 나들이를 떠난 일도 많다. 아이들이 성인이 되었을 때 아빠와의 여행을 소중한 추억으로 간직하길 바라면서 말이다. 아버지가 채워주지 못한 내 머릿속의 추억 창고처럼 부족하고 빈곤한 공간이 아니라 아무리 뒤져도 끊이지 않고 솟아나는 화수분처럼 풍부하고 즐거운 추억 창고를 물려주고 싶어서 말이다.

어느덧 시간이 흘러 아이들이 성인이 되고 난 후, 종종 그때에 관해 아이들에게 물어볼 때가 있다. 하지만 아쉽게도 아이들은 어린 시절 함께 나들이했던 기억을 거의 떠올리지 못한다. 초등학교 고학년이 되고, 삶에 친구들이 끼어들기 시작하면서 가족끼리의 짧은 여행이나 나들이는 자연히 줄어들 수밖에 없었다. 그러니 아이들에게 대부분의 기억은 너무 어린 시절의 것들이다. 기억이 제대로 자리 잡기 전에 만들어진 추억이니 그것을 떠올리지 못하는 것은 아이들 탓이 아니지만 지나간 시간들을 되돌릴 수 없기에 내 입장에서는 아쉽고 또 아쉽기만 하다.

아이들이 가족 여행이나 나들이를 기억하지 못하는 것에 대해 진한 아쉬움을 느끼는 나 자신을 보면서 문득 그런 생각이 들었다. 어쩌면 난 아이들을 위해 여행이나 나들이를 간 것이 아니라 나 자신을 위해 그런 것이 아니었나 하고 말이다. 채워지지 않은 아버지와의 추억, 그 자리를 아이들과의 추억으로 대체하려고 했던 건 아닌지. 어린 시절 아버지와 함께하지 못했던 내 마음속 허전함이 힐링되리라 기대하면서 말이다. 그리곤 마치 아이들을 위한 것인 척했던지도 모른다. 하지만 어쩌랴. 그것도 어쩌면 아버지와의 추억에 대한 내 그리움의 깊이 때문인지도 모르는 걸.

아버지,
당신의 마음속 고독을
헤아립니다

어느 날 낯선 이름의 발신자로부터 한 통의 편지가 날아들었다. 알고 보니 돌아가신 아버지의 배다른 동생, 다시 말하면 나에게는 의붓 삼촌이 되는 분께서 보낸 편지였다. 그 편지를 받기 전까지만 해도 난 내게 그런 삼촌이 있다는 사실조차 까맣게 잊고 지냈다. 서로 왕래는커녕 안부를 묻는 일조차 없었으니 어쩌면 당연한 일인지도 몰랐다. 아무튼 몇십 년 만에 낯선 이름의 편지를 받아들었을 때 난 잘못 온 편지가 아닐까 생각할 정도로 우리는 서로에 대해 완전히 잊고 지냈다.

편지의 내용인 즉, 지역 개발 계획에 따라 친할머니의 산소가 있는 자리로 도로가 나게 되어 산소를 이전해야 하는데, 할머니의 호적이 내 앞으로 되어 있으니 행정적인 절차를 도와 달라는 것이었다. 내가 동의를 하지 않으면 산소를 이장할 수 없으니 산소가 있는 익산으로 내려와 이장 절차를 밟아주고 보상금 신청도 해달라는 것이었다. 호적등본을 떼어 볼 일이 없었기에 이제껏 할머니의 이름이 내 호적에 올라 있다는 것도 놀랄 일이었다. 하지만 거부하거나 망설일 것도 없었다.

당장 회사에 휴가를 내고 할머니의 산소가 있는 익산으로 내려갔다. 늘 아버지의 고향이 어디일지 궁금했건만 그곳이 익산이리라고는 꿈에도 생각하지 못했다. 어린 시절부터 아버지가 돌아가시기 전까지, 할머니가 몇 번 집으로 찾아오셔서 만난 적은 있었지만 거의 왕래가 없었기에 할머니에 대한 기억은 남아 있는 것이 거의 없다. 키가 아주 작고 온화한 모습이었다는 것밖에. 마지막으로 할머니의 모습을 본 것도 아버지의 장례식에서였다. 그 후로 꽤 오랜 시간이 지나 할머니가 돌아가셨다는 소식을 뒤늦게 듣게 되었지만 워낙 남처럼 지냈던 탓에 찾아볼 생각조차 못했다. 아마도 이 글을 읽는 독자 중에는 의아해하는 이들이 많겠으나, 굳이 변명을 하자면 당시의 상황이 그럴 수밖에 없었다.

할머니와 왕래가 없던 이유는 어머니 때문이었다. 할아버지는 6.25 전쟁 시기 누군가에 의해 죽임을 당하신 모양이다. 어느 날 밤중에 동네 사람들이 불러서 나가신 후 다시는 돌아오지 못하셨다고 한다. 당시에 할머니에게는 어린 아버지가 있었지만 혼자서는 먹고사는 것이 막막했던지라 재가再嫁를 하셨다. 그로 인해 아버지는 할머니로부터 떨어져 머슴처럼 동네 사람들의 허드렛일을 해주며 생계를 이어 나가야만 했다. 어린 피붙이를 두고 재가했다는 이유로 어머니는 할머니를 탐탁지 않게 여기셨다. 할머니는 할머니 나름대로 자격지심을 느꼈을 것이고, 어머니는 어머니대로 자식 버린 못된 어미로 싸늘하게 대했으니 떳떳하게 아들의 집을 드나들 수 없었던 것이다. 아주 어린 시절의 기억뿐이지만 할머니가 집에 오시는 날이면 늘 집에 싸늘한 냉기가 돌곤 했다. 지금이야 냉정하고 객관적으로 판단할 수 있겠지만 어릴 때만 해도 어머니의 영향 때문인지 우리 남매들도 할머니의 방문을 그리 달가워하지 않았다.

어머니께서 할머니가 집에 오는 걸 대놓고 싫어하시니 아버지도 할머니 얘기를 꺼내는 일이 없었고 할머니를 만나는 일도 없었다. 적어도 내가 아는 한도 내에서는 그랬다. 그런데 할머니의 산소 이장 문제로 익산에 내려가서야 난 새로운 사실을 알게 되었다. 살아생전에 아버지께서 할머니가 보고 싶을 때마다 어머니 몰래 익산에 다녀가셨다는 것이다. 내가 아는 한 아버지께서 할머니를 만나고 왔다는 얘기는 들어본 적이 없었기에 몰래 다녀갔다는 것은 나의 추리일 뿐이다. 하지만 어머니의 눈치를 안 볼 수 없었던 아버지의 입장에서는 어머니 몰래 할머니를 찾아봤음이 틀림없다.

비록 어린 나이에 자신을 버리고 간 어머니지만, 아버지께서는 할머니에 대한 그리움이 사무치셨던 모양이다. 아버지께서 할머니 댁에 갔다는 것을 어머니가 알게 되면 화낼 게 뻔하니 말은 못 하고 아무도 몰래 그렇게 다녀가곤 하셨던 것이다. 할머니의 산소 이장이 없었다면 그 이야기는 아마도 죽을 때까지 알지 못했을 것이다.

삼촌으로부터 그 이야기를 들으며 여러 가지 생각이 머리를 스치고 지나갔다. 어머니는 왜 그렇게도 할머니를 미워하셨을까? 아무리 밉다고 한들 어머니를 보고 싶어 하는 마음은 자식의 입장에서 어쩔 수 없는 일이었을 텐데 왜 만나는 것조차 막았을까? 아버지는 얼마나 할머니가 그리웠을까? 아무리 자식을 버리고 간 어머니라 해도 피붙이 하나 없었던 아버지 입장에서는 할머니가 몹시도 그립고 사무치게 보고 싶었을 것이다.

숨겨진 아버지의 이야기를 들으며 내 마음속에서 눈물이 흘렀다. 아버지는 능히 그랬을 것이다. 할머니뿐 아니라 의붓 동생, 그리고 그 가족까지도 흠뻑 정을 쏟았을 것이다. 늘 사람을 좋아하고 정이 많았던, 그래서 사람들로부터 이용도 많이 당했으나 끝까지 사람에 대한 믿음을 놓지 않았던 아버지. 가슴속에 그렇게 깊은 그리움을 담고 있으면서도 마음 놓고 그 마음을 드러낼 수 없었으니 아버지는 얼마나 사무치게 외로웠을까? 살아생전 아버지의 외로움을 읽을 수 없었던 미안함에 눈물이 난다.

편안함의
반대말

이슬이가 우리 집에 온 것이 2007년 2월이었으니 벌써 해수로 만 12년이 넘었다. 개의 나이를 사람처럼 세는지 아니면 만으로 세는지 모르겠지만 누군가 이슬이의 나이를 물으면 애써 열한 살밖에 안 됐다고 말하곤 한다. 한 살이라도 더 어려 보이게 말이다. 11년이 넘는 세월 동안 같이 살면서 단 한 번도 병원 신세를 져본 적이 없을 정도로 건강했던 이슬이지만 2년 전부터 갑자기 모든 것이 달라지기 시작했다.

무엇보다 가장 큰 변화는 귀가 어두워지기 시작했다는 것이다. 식구 중 누구라도 밖에 나갔다 들어오면 옷을 갈아입기도 전에 달려들어 손가락을 깨물며 반갑게 맞아주던 아이가 이제는 사람이 들고 나는 소리를 잘 듣지 못한다. 그래도 깨어 있으면 달려와 반가운 티를 내지만 잠이라도 자고 있을 때면 옷을 다 갈아 입고 흔들어 깨울 때까지 인기척을 느끼지 못한다. 이슬이에게 택배 기사는 공공의 적이었다. '띵동'하는 초인종 소리만 들리면 득달같이 현관문 앞으로 달려 나가 정신없이 짖어대는 통에 문을 열 수 없을 정도로 힘들었지만 이제는 그 모습도 사라지고 말았다. 밥을 먹을 때면 늘 옆에 와서 '한 입만 나눠 먹자'며 조르던 아이가 이제는 종종 밥 먹는 줄도 모른다.

잠이 늘고 움직임이 줄어든 것도 큰 변화 중 하나이다. 싱크대 서랍을 열고 비닐봉지를 꺼낼 때면 산책 나가는 줄 알고 좋아서 큰 소리로 짖던 아이가 이제는 산책 나가는 것을 귀찮아한다. 억지로 끌고 나가도 집 앞 백 미터를 벗어나지 않으려고 한다. 아무리 먼 거리라도 마다않고 신이 나서 돌아다니던 아이지만 이제는 사정사정해야만 겨우 인심 쓰듯 걸으려고 한다. 추운 겨울이 지나고 햇살 따뜻한 봄이 오면 너른 잔디밭에서 달리기를 하곤 했는데 축지법을 쓰듯 순식간에 나를 제치던 아이가 이젠 뛰는 걸 포기했다. 재미 삼아 신나게 쫓아다니던 까치가 아무리 가까이 있어도 관심 없이 그냥 지나치고 만다. 대신 잠이 늘었다. 하루 중 상당히 긴 시간을 잠으로 보낸다.

이슬이는 유독 내게 집착했다. 마치 껌딱지처럼 찰싹 내 곁에 붙어서 떨어지려고 하지 않았다. 그래서 이슬이의 잠이 늘고 귀가 어두워지면서 내 삶은 편해지고 있다. 외출했다 돌아오면 옷도 갈아입기 전에 달려드는 통에 귀찮았던 것도 사라졌고, 택배 기사가 오면 서둘러 이슬이를 안고 작은 방으로 건너가야 할 일도 없어졌다. 이제는 마음 놓고 문을 열어도 걱정할 일이 없다. 어디를 가든 졸졸 따라다니지 않으니 그것도 편한 일이다. 요즘처럼 추운 겨울에 덜덜 떨며 산책을 데리고 나가지 않아도 괜찮으니 그것도 요긴한 핑곗거리가 아닐 수 없다. 깨어 있는 동안 장난감을 던져 달라며 조르지 않으니 그것 역시 편해졌다. 이슬이의 나이가 들수록 그렇게 나의 삶은 점점 편해지고 있다.

하지만 몸이 편해지면 마음도 편해져야 하건만, 몸이 편해질수록 내 마음은 마치 칼에 벤 손가락이 욱신거리듯 자주 아려온다. 나의 편함이 바꾸어 말하면 이슬이의 기력이 점점 쇠하고 있다는 것을 나타내기에. 때로는 하루 종일 옆에 붙어 놀아 달라, 안아 달라 귀찮게 굴던 모습이 그리워지기도 한다. 이젠 먼저 나서서 놀자고 해도 이슬이가 귀찮아한다. 아무리 추워도 하루 한 번씩은 이슬이를 데리고 나가려 하지만 오히려 나가지 않으려는 이슬이를 보면 마음이 아파 온다.

어느 순간인가부터 이슬이의 모습을 볼 때마다 하루하루 시간이 가는 게 두려워진다. 아직은 이별을 준비해야 할 정도로 건강이 나쁜 건 아니지만 몇 년 안에 헤어질 시간이 다가올 것만 같아 무섭기만 하다.

이슬이가 나이 들고서야 알게 되었다. 그동안 내가 이슬이로 인해 겪었던 사소한 불편함은 진정 불편함이 아니었다는 것을. 그건 불편함이 아닌 행복한 기억의 파편들이었음을. 서로가 따뜻하게 나눌 수 있었던 아름다운 추억의 한 자락임을. 그래서 나의 삶에서 이슬이가 빠져나감으로 인해 생기는 상대적 편함이 내게는 진정한 편함으로 다가오질 않는다. 그 무엇으로도 채울 수 없는 공허함으로 다가온다.

'편함'의 반대말은 무엇일까? 불편함? '편함'의 반대는 '서러움'이 아닐까 싶다. 이슬이가 내 삶에서 차지하는 영역이 줄어들면 줄어들수록 무엇인지 모를 서러움이 느껴진다. 내 몸이 편해지면 편해질수록 이슬이와 같이 나눌 수 있는 시간이 점점 짧아지고 있다는 얘기니까. 그래서 나는 이슬이가 만들어주는 내 삶의 편한 공간들이 전혀 반갑지 않다.

인간은
학습의 동물이 아니라
망각의 동물 아닐까

나이가 들면서 이슬이의 움직임이 확연하게 둔해졌다. 예전에는 밖에 나가 자고 자주 졸라대던 아이가 산책을 가자고 해도 시큰둥한 모습을 보인다. 애꿎은 인형을 붙잡고 씨름을 하던 모습도 사라지고 이제는 종일 잠만 잔 다. 해가 바뀔수록 이슬이의 모습이 하루가 다르게 달라지니 내년 이맘때 쯤이면 어떤 모습일지 불안하기만 하다.

　조금씩 달라지는 이슬이의 모습을 볼 때마다 이제는 조금이라도 더 시 간을 같이 하겠노라 다짐하곤 한다. 조금이라도 더 같이 놀아주고, 조금이 라도 더 같이 산책하고, 조금이라도 더 안아주려고 한다. 화사하게 꽃이 피 는 봄이거나, 시리도록 단풍 지는 가을이면 한 장이라도 더 이슬이와 함께

한 사진을 남기려 노력한다. 그런데 참 이상하다. 그렇게 지나는 시간이 안타깝고 아쉬워 어쩔 줄 모르겠으면서도, 하루가 지날 때쯤 되돌아보면 이슬이와 함께한 시간이 그리 많지 않다는 걸 깨닫게 되니 말이다. 조금이라도 더 이슬이 곁에 있어 주겠다는 마음은 그야말로 다짐일 뿐, 실제로는 늘 무언가를 하느라 같이 있어 주질 못하고 혼자 내버려 두는 시간이 많다. 이 글을 쓰는 동안에도 이슬이는 정신없이 코를 골며 잘 뿐, 여전히 난 이슬이 옆이 아닌 PC 앞에 앉아 시간을 보내고 있다.

이슬이를 보면서 문득 그런 생각이 든다. 인간은 학습의 동물이 아니라 망각의 동물이 아닐까 하는…. 지나고 나면 더 많은 시간을 같이 하지 못해 안타까워하고, 이제부터는 조금이라도 더 같이 하겠다고 다짐하지만, 어리석게도 다음 날이 되면 또 할 일에 치여 이슬이에게 소홀해지고 만다. 그렇게 다짐하고 후회하고, 다짐하고 후회하기를 반복한다. 해야 할 일이 있으니 이슬이만 데리고 있을 수도 없다고 스스로 위안하지만, 그러다 보면 또 어느 사이엔가 이슬이는 훌쩍 달라져 있다.

이슬이의 어릴 때 모습을 떠올려 보지만 잘 생각이 나질 않는다. 손바닥보다 작은 모습으로 아장아장 걷다가 혼자 넘어지던 때가 떠올라 슬며시

웃음이 나지만, 안타깝게도 성장 과정은 잘 기억나지 않는다. 누군가 내 기억 속에서 이슬이의 어린 시절 기억을 송두리째 잘라낸 후 아기 때의 모습과 나이 든 시절만 연결해 놓은 듯하다. 어느새 이렇게 나이가 든 건지 지나간 시간들에 대한 기억이 조금 더 남아 있지 않음이 아쉽기만 하다.

가끔은 이슬이가 말을 할 줄 알았으면 좋겠다는 생각이 든다. 그러면 이럴 때 물어볼 수가 있을 테니까 말이다.

"이슬아, 너는 아빠가 많이 못 놀아줘서 섭섭하니?"

이슬이는 뭐라고 대답할까?

"아니에요, 아빠. 아빠도 해야 할 일이 있으니 어쩔 수 없잖아요. 저는 아빠가 옆에 있어 주는 것만으로 충분히 행복하고 고마워요."

이슬이의 마음을 알 수는 없지만 그랬으면 좋겠다.

내일이면 또 후회할 줄 알면서도 난 오늘도 또 다짐을 한다. 내일은 조금 더 이슬이와 시간을 많이 보내겠다고. 더 많이 놀아주고, 더 많이 산책하고, 더 많이 안아주겠다고. 올 겨울도 지독하게 추웠지만 이제 한 달 남짓만 지나면 햇살도 화사해지고 온갖 꽃들이 지천에 피어나겠지. 올해도 이슬이를 데리고 부지런히 사진을 찍으려고 한다. 남은 시간이 얼마 없으니 말이다. 그리고 이제부터라도 이슬이와 함께한 시간들을 기억 속에 꼭꼭 눌러 담으려고 한다. 나 역시 세월의 힘을 거스르지 못해 기억의 질이 현저하게 나빠지고 있지만, 그래야 이슬이가 나이 들어가는 것이 조금이라도 덜 섭섭할 테니 말이다.

하지만 그것도 한낱 지키지 못할 다짐이 될까 염려스럽다. 그때가 오면 난 또 다른 핑계를 댈 것이 분명하다. 그리곤 또 후회하겠지. 어디 이슬이뿐이랴. 부모님, 그리고 나의 아이들, 그들에게 난 어쩌면 똑같은 행동을 되풀이하고 있는지도 모른다. 늘 조금 더 시간을 같이 보내야지, 조금 더 이야기 나눌 시간을 가져야지, 조금 더 옆에 있어야지, 조금 더 자주 전화를 해야지 다짐하지만, 정신 차려보면 어느새 시간은 깨진 독에 담긴 물처럼 흔적 없이 빠져나가고 난 후다. 이슬이의 어린 시절이 생각나지 않듯 아이들의 어린 시절도 이제는 아련하기만 한데 이제 성인이 된 아이들은 얼굴 보기가 힘들어졌다. '전화 한 번 해야 하는데'라고 생각하는 사이, 어머니는 어느덧 팔순을 넘기고 말았다. '어어'하는 사이에 어느새 내 주위에서 소중한 사람들이 그렇게 멀어지고 있다.

사람들은 인간이 실수로부터 배우고 그로부터 발전해나가는 동물이라고 하지만, 그렇게 같은 후회를 반복하면서도 도무지 달라지지 않음이 안타깝기만 하다. 어련히 잘 지내겠지, 그리고 언제나 내 곁에 있겠지…, 그렇게 방심하다 어느 날엔가 지나간 세월을 아쉬워하며 후회할지 모른다. 이슬이와의 이별의 시간이 점점 다가오지만, 난 오늘도 이슬이와 보내는 시간보다는 혼자 보내는 시간이 더 많다. 그런 걸 보면 인간은 학습의 동물이라기보다 어쩌면 망각과 후회의 동물이 아닐까 싶다.

우리,
이 정도면
참 잘 살아왔다

한 남자가 죽어서 저승 세계로 갔다. 천국과 지옥으로 가는 심사대 앞에서 남자는 심판관으로부터 질문을 받았다.

"이승 세계에 사는 동안 만족스럽게 살았느냐?"

남자는 한숨을 푹 내쉬며 인상을 찌푸렸다. 자신이 살아온 삶을 되돌아 봤을 때 아쉬운 것이 너무 많았다. 남의 눈치를 보느라 하고 싶은 것을 해 보지 못한 것, 두려움 때문에 머뭇거리다가 좋은 기회를 모두 놓쳐 버린 것, 공상만 하느라 무엇도 실행에 옮기지 못하고 허송세월한 것, 사는 동안 좀 더 열심히 살지 못한 것, 자신이 가진 것에 만족하지 못하고 다른 사람과 비교하며 늘 불만스럽게 산 것, 쓸 데 없는 불평불만에 싸여 인생을 즐겁게 살지 못한 것 등 온통 후회뿐이었다.

남자는 두 손을 싹싹 빌며 심판관에게 사정하기 시작했다.

"이대로 죽기에는 너무 후회가 많습니다. 한 번만 더 이승 세계로 보내주십시오. 그러면 이번에는 정말 후회 없이 살다 오겠습니다. 제발, 제발 한 번만 더 기회를 주십시오."

그러자 심판관이 남자에게 물었다.

"한 번 더 기회를 주면 이번에는 정말 후회 없이 살 수 있겠느냐?"

심판관의 말에 남자가 상기된 표정을 지으며 목소리를 높였다.

"물론입니다. 한 번만 더 기회를 주신다면 이번에는 정말 후회 없이 최선을 다해 살겠습니다!"

그러자 심판관이 노여운 표정을 지으며 말했다.

"네 이놈. 지난번에도 그렇게 말해서 한 번 더 기회를 주었건만, 지난번 삶과 달라진 게 전혀 없더구나."

남자는 이미 한 차례 저승 세계에 왔었고, 간절한 요청으로 인해 한 번 더 이승 세계에 살 수 있는 기회를 얻었지만 두 번의 삶이 그리 다르지 않았던 것이다.

가끔, 자신의 지나온 삶이 후회스럽다고 말하는 사람들을 만나곤 한다.

두 번의 결혼을 하고, 두 번의 이혼을 한 어느 후배는 이번 생은 틀렸으니 다음 생을 기대해 보겠노라고 한다. 그들에게 "과거로 다시 돌아가면 지금과 달라질까?"라고 물으면 "당연하지. 지금보다 열심히 살 텐데"라고 말한다. "그럼 왜 지금은 열심히 살지 못해?"라고 물으면 그만 말문이 막히고 만다. 과연 그들이 과거로 돌아가면 지금처럼 후회하지 않고 잘 살 수 있을까? 글쎄, 어쩌면 그들의 이야기는 지극히 인간적인 것인지도 모르겠다. 자신의 삶에 대해 후회스럽지 않은 사람이 얼마나 될 것인가? 아무리 큰돈을 벌고 성공한 사람이라도 죽음 앞에서는 후회한다는데 말이다.

―――‖――‖――‖―――

사람들이 지난 삶을 되돌아보며 후회하는 건 두 가지 이유 때문일 것이다. 하나는 인생을 살면서 마주쳤던 수많은 갈래길에서 자신이 선택한 길이 아닌 또 다른 길을 선택하지 못한 것에 대한 미련과 아쉬움이요, 다른 하나는 자신이 선택한 길을 걸어오는 동안 보다 열심히 살지 못하고 시간을 낭비했던 것에 대한 자책일 것이다. 나 역시 다를 바 없다. 가끔 지나온 세월을 돌아보며 나도 모르게 한숨지을 때가 있다. 살면서 마주쳤던 수많은 갈림길에서 '그때 그 길이 아니고 다른 길을 선택했다면 어떻게 됐을까? 그때 하지 못했던 것들을 해봤다면 어땠을까? 헛되이 흘려버린 시간들을 조금 더 아껴 썼으면 어땠을까?'하는 생각을 떠올릴 때가 많다. 인내심이 없어, 용기가 없어, 두려움과 결단력 부족으로, 현실과 타협하느라 하지 못했던 수많은 일들, 머뭇거리다 도전조차 못해본 나의 꿈, 바람이 불 듯 순식간에 지나버리고 말았던 과거의 나날들을 되돌아보며, 그때 만약 다른 선택을 했다면 어땠을까 생각하곤 한다. 그때 내 마음이 끌리는 대로 행동했다면 지금의 내 삶은 달라져 있을까? 지금의 내 나이만큼 들어서 되돌아봤을 때 그 삶은 후회 없을까?

대학 다닐 때 내 꿈은 개그맨이 되는 것이었다. 특별히 말을 잘하거나, 재치가 있거나, 사람들을 웃기는 재주가 있었던 것은 아니지만 내가 하는 한마디 한마디에 사람들이 배꼽을 잡고 웃는 모습을 보며 개그맨이 되고 싶다는 생각을 했던 시절이 있었다. 만일 그때 생각만 하지 않고 개그맨 시험에 응시해 봤다면 어떻게 됐을까? 만일 그랬다면 내 인생은 지금과 완전히 달라져 있겠지.

나이가 들어가면서 젊어서 조금 더 공부를 하지 않은 것이 후회스럽다. 이미 대학을 다닐 때 모 대기업의 산학장학생으로 입사한 상태였고, 회사에서 지원을 약속했기에 마음만 먹는다면 박사 과정까지 진학할 기회를 충분히 가질 수 있었다. 하지만 공부가 힘들기도 했고 어려운 형편에 하루라도 빨리 사회로 나가 돈을 벌고 싶은 욕심이 들어 그만 포기하고 말았다. 박사 학위 하나 없다고 해서 크게 불편할 일도 없지만 그래도 가끔은 후회스러울 때가 있다. 만일 그때 박사 과정에 진학을 했다면 지금의 내 삶은 어떻게 달라져 있을까?

누구나 한 번쯤 지나온 길을 돌아보며 이런 생각을 할 때가 있지만, 가지 않은 길은 어디까지나 미련일 뿐이다. 그때로 다시 돌아간다 한들 또다시 같은 선택을 할지 모른다. 그때 용기가 없어서 하지 못했던 일, 두려워서 하지 못했던 일, 소심해서 머뭇거리다 기회를 놓친 일들이 그때로 돌아간다고 해서 바뀔 수 있을까? 과연 나는 다른 길을 선택할 수 있을까? 내가 가지 않은 길은 내 길이 아니다.

내가 선택한 삶에 대한 자책 또한 마찬가지다. 인생을 다시 산다고 해서 지금보다 충실히, 만족스럽게 산다고 자신할 수 있을까? 삶을 대하는 마음가짐이 달라지지 않는다면 아무리 과거로 돌아간다고 한들 인생은 바뀌지 않을 것이다. 지금보다는 후회 없이 잘 살 수 있을 것 같다는 생각은 어디까지나 착각이거나 현재의 내 삶에 대한 비겁한 변명일 뿐, 다시 과거로 돌아가 새로운 삶을 산다고 해도 현재의 모습과 달라지지 않을 가능성이 크다. 심판대 앞에 선 남자처럼 말이다.

몇 해 전, 동아 비즈니스 포럼에서 세스 고딘을 초청한 적이 있었다. 세션이 끝나고 청중 중 누군가가 그에게 이런 질문을 던졌다.

"만약 선생님께서 이십 대로 돌아가신다면 무엇을 하고 싶으신가요?"

세스 고딘이 한 대답은 의외였다.

"난 지금의 내 삶에 만족합니다. 지금의 삶을 이루기 위해 난 이십 대에 피나는 노력을 했습니다. 그래서 절대 이십 대로는 다시 돌아가고 싶지 않습니다."

지나간 시간을 돌아보며 후회하는 것은 내 손 안에 든 귀한 생명수가 손 틈으로 빠져나가는 걸 보지 못하면서 땅바닥에 떨어진 생명수가 아까워 바닥만 바라보고 있는 것과 다를 바 없다. 지금 열심히 살지 못하면서 지난 시간을 후회하는 것만큼 어리석은 짓이 어디 있단 말인가? 과거는 미래에 투사된다. 과거는 되돌릴 수 없고 우리 앞엔 미래가 남아 있다. 과거를 돌아보며 후회하거나 자책할수록 미래의 삶은 불만족스러울 수밖에 없다. 후회해도 달라질 건 없다. 지나간 시간을 붙잡고 후회하는 것보다는 다가올 미래를 후회 없이 살도록 노력하는 것이 어쩌면 더 현명한 일인지도 모른다. 지금부터라도 그동안 용기가 없어서, 두려워서, 소심해서, 다른 사람들의 눈치를 보느라 못했던 일을 해보는 것이 차라리 더 낫지 않겠는가?

톨스토이는 이런 말을 했다.

"후회해 봤자 소용없다는 말이 있지만, 후회한다고 이미 늦은 것은 아니다."

하지만 종종 너무 늦은 후회도 있을 수 있고 돌이킬 수 없는 후회도 있기 마련이다. 지나간 시간은 절대 다시 돌릴 수 없다. 지나간 시간을 돌아보며 후회하지 않으려면 지금 하고 싶은 것들을 미루지 않는 것이 중요하다.

한편으로 우리는, 어쩌면 색안경을 쓴 채로 스스로의 삶을 바라보는지도 모른다. 자기 삶의 긍정적인 면, 성공적이었던 부분, 보람 있던 측면보다는 부정적인 측면, 실패한 일, 마음대로 안 되었던 일, 아쉬웠던 부분만 끄집어내어 후회의 감정을 덧칠하고 있는 건 아닐지… 내 삶이 후회스럽다는 것은 지극히 나만의 주관적인 판단일 뿐, 어쩌면 내 삶이 누군가에게는 부러운 모습일 수 있다.

당신은, 그리고 나는, 생각보다 더 잘 살아왔는지도 모른다. 자신의 삶을 뒤돌아보며 후회하지 말자. 혹시라도 지나간 삶에 후회가 들거든 자신의 어깨를 톡톡 두드리며 나지막하게 속삭여보는 건 어떨까?

"괜찮아. 지금까지 잘 살아왔어"라고.

제2장

"지금, 내가 서 있는 자리를 받아들이기"

현재의 내 모습을 인정할 시간

Get better with Age

문득. 정신을 차리고 보니 의도하지 않은 곳에 와 있는 기분
나이듦은 우리를 낯선 삶의 자리에 데려다 놓는다.
지금 내가 서 있는 이 장소. 이 위치를 받아들이는 연습.
담담하고도 가벼운 마음으로
쉰 살의 나를 있는 그대로 인정하는 연습이
우리를 자유롭게 할 것이다.

자연인,
그들은 정말
행복할까

사십 대 직장인들이 가장 많이 보는 텔레비전 프로그램이 모 케이블 TV에서 방영하는 '나는 자연인이다'라고 한다. 사오십 대 남성들의 로망이라는 얘기도 들리고 자연인처럼 살고 싶어 땅을 구하러 다니는 사람들도 있단다. 그만큼 자연인들의 유유자적한 삶이 부러움의 대상으로 느껴지는 듯하다. 실제로 도시생활과 직장생활에 지친 사오십 대 남성들에게 그 프로그램은 환상을 심어 주기 충분해 보인다. 돈에 얽매여서 하기 싫은 일을 억지로 할 필요도 없고, 자유로운 시간에 산에 올라 몸에 좋은 약초를 캐거나 물가에서 낚시하며 시간을 보내기도 하고, 보기 싫거나 마음에 안 맞는 사람들과 함께 일하면서 스트레스받지 않아도 되며, 무엇보다 먹고살 걱정을 하지 않아도 되니, 자연인들을 보고 있자면 그들의 삶이 그저 부럽게만 느껴진다. 마음은 굴뚝같지만 현실이라는 굴레에 갇혀 쉽게 용기를 낼 수 없는 입장에서는 그 모습을 보며 마음의 힐링과 대리만족을 느끼는 것도 어쩌면 당연하다.

한때는 나 역시 그 프로그램에 푹 빠져 지냈다. 거의 모든 출연자의 이야기를 보았고, 부러움을 느끼기도 했으며, 마음 한 구석에서나마 당장이라도 도시를 떠나 자연으로 들어가고 싶다는 생각을 한 적도 많다. 사전 적응 연습 삼아 장아찌로만 밥을 먹어본 우스운 경험도 있다.

그런데 그 프로그램을 보면 볼수록 머릿속에서 한 가지 의문이 떠나지 않았다. 거의 대부분의 자연인들이 빼놓지 않고 하는 말이 있었는데 그 말들이 내 가슴에 와 박혔던 것이다. 실제로 어느 정도 기간에 걸쳐 촬영이 이루어지는지는 모르겠으나, 화면에 비치는 2박 3일이 지나고 나면 대부분의 출연자들이 진행자로 찾아온 이승윤 씨나 윤택 씨에게 "여기서 나랑 같이 살자"는 말을 한다. 이 말은 하는 사람도 있고 하지 않는 사람도 있지만 내 기억 속에는 거의 대부분의 출연자가 그런 말을 했던 것 같다. 아무리 말이 없고 무뚝뚝했던 출연자라 해도 촬영이 마무리될 때쯤이면 어김없이 농담처럼 그 말을 던지곤 한다. 또 하나는 모든 출연자들이 "나는 행복해.

산에 들어오길 잘했어. 후회하지 않아'라고 외친다는 것이다. 이건 예외가 없다. 진심인지, 아니면 프로그램의 특성상 그렇게 말할 수밖에 없어서 그런 것인지 모르겠지만, 산속에서 혹은 섬에서 혼자 사는 삶이 행복하지 않거나 후회된다고 말하는 출연자는 지금껏 단 한 명도 보지 못했다.

'나는 행복해'와 '나랑 여기서 같이 살래?'라는 말을 들으며 나는 방송에서 전해지지 않는 자연인들의 이면 세계를 보는 듯한 느낌이 들었다. 그 이면 세계란 다름 아닌 외로움이었다. 비록 카메라 앞에서 행복하다고 외치고 자신의 선택을 후회하지 않는다고 말하지만 정작 그들의 삶은 무척 외롭고 쓸쓸해 보였다.

대학교 1~2학년 때 난 합창 동아리 활동을 했다. 여름방학이 되면 거의 온종일 친구들 혹은 선후배들과 만나 노래 연습을 하곤 했다. 그렇게 한 달 가까운 시간을 매일 함께 어울려 노래하며 지내다 막상 발표회가 끝나고 나면 밀려드는 허무함과 허전함을 달래기 어려웠다. 마치 세상에 더 이상 낙이 없는 것 같은 허탈함도 들었다.

촬영이 진행되는 동안 자연인이 사는 공간은 진행자를 비롯한 많은 스태프들로 북적일 것이다. 평소에는 불빛조차 없이 칠흑 같던 공간에 어둠을 물리칠 수 있는 밝은 불빛이 들어오고, 인적 없던 숲속이 사람들의 떠드는 소리로 북적일 것이다. 사람이라고는 구경조차 하기 힘든 곳에서 매일 혼자 시간을 보내다가 사람들을 만나니 어찌 즐겁지 않겠는가? 마치 명절날 오랜만에 만난 식구들과 함께 있으면 마냥 즐거운 기분이 드는 것처럼, 어쩌면 떠들썩하게 잔치를 치르는 집에 초대된 손님처럼, 누구라도 그런 상황이 되면 마음이 들뜨지 않을 수 없을 것이다. 산속에서의 삶이 어떠한지는 알 수 없지만 적어도 촬영이 이루어지는 그 순간만큼은 기쁘고 행복한 감정이 솔직한 것인지 모른다.

하지만 촬영이 마무리되고 좁은 공간을 며칠간 떠들썩하게 채우던 사람들이 빠져나가고 나면 갑작스럽게 밀려드는 적막감을 견뎌낼 수 있을까? 며칠 동안 사람들로 북적대던 공간에 훅 하며 치고 들어오는 외로움을 참아낼 수 있을까? 발표회가 끝난 후 내가 느꼈던 삶의 빈자리처럼 자연인들도 무언가 채워지지 않는 허전함에 시달리지 않을까? 그러기에 자연인들이 진행자들에게 농담처럼 건네는 '나랑 여기서 살래?'란 한 마디가 빈 말처럼 들리지 않는다. 촬영이 마무리될 즈음이면 이미 자연인들의 마음속에는 고독감이 스멀스멀 피어오를 것이고 그 마음이 겉으로 드러난 것이라 본다. 언제던가 팔십 넘은 노인이 떠나가는 촬영팀의 뒷모습을 향해 "난 괜찮다. 난 괜찮아"라고 읊조리는 모습을 보았다. 한편으로는 그 말이 '나 너무 외롭다. 나 너무 외로워'라는 말처럼 들려 무척이나 가슴이 아팠다.

사람은 사회적 동물이다. 인간의 뇌가 몸을 지탱하는 데 필요한 크기보다 불필요하게 크다는 것은 잘 알려진 사실인데 그 이유 중 하나가 사회적 관계를 원만하게 유지하기 위한 것이라는 가설이 있다. 사회적 동물이라는 것은 기본적으로 다른 사람들과 어울려 지낼 수밖에 없는 존재라는 얘기다. 함께 어울려서 살 때 비로소 행복을 느낀다는 것이다. 비록 사람들 때문에 상처 받고 힘들지라도, 그러한 상처와 어려움을 또 다른 사람들과의 관계를 통해 치유해 나가는 것이 인간이다. 사람에 따라서는 다른 사람들과 어울리는 것을 그리 좋아하지 않는, 혼자 보내는 시간을 좋아하는 사람들도 있기는 하다. 소설가 김영하 씨는 그래서 젊은 시절에 친구를 많이 만난 것을 후회한다고 말하기도 했다. 하지만 그런 성향의 사람들조차도 자연인처럼 외부 사람들과 완전히 단절되어 숲 속에서만 살라고 하면 견디기 힘들 것이다. 인간의 뇌에 타고나면서부터 배선된 사회적 관계에 대한 욕구가 사람들과의 단절을 받아들이기 힘들게 만들기 때문이다.

자연인들이 행복하다고 하는 것을 나는 반쪽만 믿는다. 분명 그들의 삶은 행복할 것이다. 누구에게도 간섭받지 않고, 먹고사는 것과 미래의 삶에 대한 걱정도 크지 않을 것이며 돈과 명예, 권력 따위로 인해 자존심을 내팽개치는 일이 없을 테니 그보다 자유로운 삶이 또 어디 있을 것인가? 하지만 그중 어떤 것도 사람의 빈자리를 채워줄 수 없다. 다른 사람과 이야기를 나누고, 다른 사람과 때로는 다투기도 하고, 다른 사람과 웃고, 다른 사람과 울고, 그렇게 다른 사람들과 씨줄과 날줄처럼 서로 엮고 엮이며 만들어지는 게 인간의 삶이기에 그 부분을 도려낸 삶이 마냥 행복할 수만은 없을 것이다. 비록 입으로는 행복하다 말하지만 자연인들이 다시 도시로 돌아갈 수 있는 여건이 마련된다면 그들 중 대다수는 아마도 그 길을 택할 것이다.

스스로 생각하기에 난 무척이나 내향적인 사람이다. 여럿이 많이 모이는 파티 같은 건 그리 좋아하지 않고, 사람들 앞에서 춤추고 노래하는 일은 혀를 내두를 정도로 질색한다. 혼자 책을 읽거나 글을 쓰거나 산책하는 것이 훨씬 좋다. 혼자 있어도 크게 외로움을 느끼지 않는 편이다. 하지만 그런 성향을 가진 나조차도 때로는 사람들과 어울려 술을 마시고, 때로는 사람들과 어울려 여행을 하고, 때로는 우스운 이야기를 주고 받으며 대화 나누는 것이 싫지 않다. 내가 감당할 수 있는 범위를 넘어선 관계가 부담스러울 뿐, 사람들과의 관계 자체가 부담스러운 것은 아니다. 가끔은 텔레비전 속 자연인들의 삶을 보면서 부러움을 느끼지만 그 이면의 절대 고독을 감당할 수 없을 것 같아 난 일찌감치 자연인처럼 살고 싶다는 꿈을 포기했다. 상처 입고 마음에 금이 가더라도 나는 어울려 사는 것이 좋다.

업무방해죄로
경찰
부를까요

지난 주말이었다. 고등학교 3학년 때 같은 반이었던 친구들의 모임이 있었다. 어느덧 졸업한 지 35년의 세월이 흘렀고 너나 할 것 없이 백발이 성성해진 모습으로 오랜만에 만남을 가졌다. 반년 만의 모임에 분위기가 꽤 떠들썩했다. 두어 시간 남짓 1차를 하고 난 후 당구를 치러 가자는 의견이 나왔다. 그런데 일부 친구들은 당구를 못 친다며 볼링을 치자고 하였다. 나 역시 잡기에는 젬병인지라 볼링 그룹으로 속하게 되었다. 두 그룹으로 나뉘어 한 그룹은 당구를 치기로 하고, 다른 한 그룹은 볼링을 치기로 했다. 애석하게도 가까운 곳에 볼링장이 없었기에 다른 친구들이 당구를 치는 사이 1킬로미터 정도를 걸어 볼링장에 도착했다.

친구들과 즐겁게 볼링을 치겠다는 기대를 안고 레인을 배정받기 위해 접수대로 다가간 순간, 직원인 듯한 젊은 친구가 대뜸 물어왔다.

"술 드셨어요?"

'아차' 싶었다. 경우에 따라서는 술 마신 사람의 입장을 금하는 볼링장도 있었는데 그 볼링장이 그러한 것 같았다. 1킬로미터나 되는 먼 거리를 힘들게 걸어왔는데 아쉽고 한편으로는 분했지만 규칙이 그렇다니 어쩔 도리가 없었다. 물러나는 수밖에.

하지만 친구 중 한 명이 무척이나 억울했던 모양이다. 일하는 사람에게 왜 안 되냐고 따져 묻기 시작했다. 친구의 말에 젊은 직원은 규칙이라며 응수했고 친구는 그 규칙을 보여 달라며 버티기 시작했다. 규칙을 보여 달라, 규칙을 보여줄 의무가 없다며 옥신각신하는 사이 시간이 꽤 흐르고 말았다. 같이 간 친구들은 포기하고 이만 가자며 그 친구의 팔을 잡아끌었지만 친구는 쉽사리 물러날 기색을 보이지 않았다. 더 이상은 안 될 것 같아 친구를 말리려고 했다. 그 순간 카운터 앞에 있던 젊은 직원이 친구를 향해 한 마디 했다.

"업무방해로 경찰 부를까요?"

순간 귀를 의심하지 않을 수 없었다. 비록 술을 마시긴 했지만 그리 취하지 않은 상태였고, 목소리를 높이거나 거친 말을 하지도 않았다. 다른 손님들이 볼링 치는 것을 방해한 일도 없고 억울한 심정에 규칙을 보여 달라고 따졌을 뿐이다. 비록 직원들의 시간을 빼앗기는 했지만 그 어떤 방해 행위도 한 게 없는데 업무방해라니….

이미 볼링을 할 기분도 아니었기에 버티려는 친구를 강제로 끌고 밖으로 나왔다. 그 친구는 여전히 화가 나 있는지 씩씩거리며 담배만 피워 댔다. 겨우겨우 친구를 말리고 나니 기분이 참으로 씁쓸했다. 가족과 회사를 위해 한 평생을 정신없이 살아오다 이제 겨우 여유가 생겨 친구들끼리 만나 술한잔 했고, 오랜만에 볼링 한 게임 즐기려 한 것뿐인데 자식 같은 젊은 직원으로부터 그런 얘기를 들을 줄은 몰랐으니 말이다. 쓴웃음도 나왔다. '아, 늙었구나' 하는 생각도 들었다. 술을 마셨다고 해도 젊은 사람들에게는 레인을 배정하는 듯 보였기 때문이다. 친구가 정색을 하고 따진 이유도 그 때문인 것 같았다. 동일하게 술을 마셨음에도 나이 들었다고 해서 젊은 사람들과 차별대우받는 것이 몹시도 억울했던 모양이다. 그날 동기 모임은 그렇게 약간 기분이 상하고 말았다. 어찌 보면 더 이상 큰일이 일어나지 않은 것이 다행일 수 있지만 한편으로는 씁쓸한 감정도 숨길 수가 없었다.

집으로 돌아오면서 업무방해 운운하던 그 젊은 직원이 떠올랐다. 그리고 그 직원에게 한 마디 해주고 싶었다.

젊은 친구.

믿기 어렵겠지만 우리도 한 때는 자네만큼이나 젊었을 때가 있었다네.

자네보다 더 어릴 때도 있었지.

그런데 시간이 순식간에 지나더라고.

잠시 눈을 감은 것 같은데 다시 눈을 떠 보니 이렇게 머리가 하얗게 변했더라고.

나이 든 사람이라고 해서 너무 괄시하지 말게나.

자네도 금방 늙는다네.

시간이라는 게 말이지, 자네 생각보다 훨씬 빨리 지나거든.

격(格)과
주책
사이

오랫동안 방치해 둔 탓인지 치아가 죄다 썩어버리고 말았다. 더 이상 미루었다가는 고생할 일이 생길 것 같아 치료를 하기로 했다. 그런데 치아 상태가 생각보다 심각했다. 연초부터 시작한 치료가 일 년이 다 되어가도록 끝날 생각을 하지 않는다. 아무래도 일 년을 꽉 채우고서야 끝이 날 듯싶다.

치과에 가면 간호사들이 나를 '아버님'이라고 부른다.

"아버님. 이쪽으로 앉으세요."

"아버님. 입 크게 벌려 보세요."

그때마다 속으로 움찔움찔하곤 한다. 아버님이라고 하면 왠지 나이 든 노인분들을 부르는 호칭 같은데 아직 오십 대 중반밖에 안 된 내게 아버님이라고 부른다는 것은 나를 너무 나이 많은 사람으로 보는 것 같아 인상이 찌푸려지는 탓이다.

'아버님이라니? 내가 그렇게 늙어 보이나? 뭐라고 한마디 할까?'

오만가지 생각이 들지만 속으로만 몇 번씩 생각을 꿀떡대며 삼킬 뿐, 말이 되어 입 밖으로 나오지는 않는다.

치과 간호사들이 내게 아버님이라고 부르는 데 특별한 의미가 있는 것 같지는 않다. 이름을 부르기엔 다소 건방져 보이고, 어르신이라고 부르기엔 애매해 보이는 사람들에게 쓸 수 있는 '적당한' 호칭이 '아버님'인 듯싶다. 그렇다 해도 아버님이라는 호칭은 지나치게 나이 든 것 같아 싫기만 하다. 아버님의 대안으로 무엇이 있는지 모르겠지만 아무튼 아버님이라는 단어로 불리는 게 영 마땅치 않았다.

그런데 어깨가 아파 침을 맞으러 간 한의원에서 또다시 '아버님'하고 날 부른다.

'응? 아버님?'

그 순간 고민이 깨끗이 사라졌다.

'그래. 난 아버님이다. 이젠 그렇게 불려야 할 나이인가 보다.'

섭섭하지만 받아들이기로 했다. 아무리 거부해도 소용이 없기에.

살면서 변화를 받아들인다는 것, 무언가 달라지고 있다는 흐름을 읽는다는 것은 꽤나 중요한 일이다. 흐름을 읽지 못하고 나에게 일어나는 변화를 받아들이지 못하면 그와 맞지 않는 엉뚱한 행동들을 할 수 있기 때문이다. 그런 사람들 혹은 그런 행동들을 우리는 '주책'이라고 부르는데 주책이란 자신의 '격格'에 맞지 않게 행동하는 것을 말한다. 나이 들어도 젊었을 때처럼 좌충우돌하며 다혈질적으로 행동하기도 하고, 나이 들어서도 어린 사람들처럼 거친 말을 서슴없이 입에 담고, 자신의 능력이나 여건을 고려하지 않은 채 '내가 누군지 알아?'라며 큰소리 떵떵 치고, 나이 들어서도 마냥 젊은 사람처럼 치기 어린 행동을 일삼는, 이런 것들이 모두 주책이다.

하지만 한편으로는 흐름을 읽고 변화를 받아들이는 것이 또 얼마나 어려운 일인지 모른다. 인간의 속성이 그렇다. 변화를 거부하고 하던 대로 하고 싶은 것이 인간의 속마음이다. 자신에게 주어진 변화를 스스럼없이 받아들이고 그에 맞춰 행동할 수 있다면 이 세상에 주책맞은 사람은 존재하지 않을 것이다.

품격品格이라는 말이 있다. 품격을 지키며 나이 드는 일은 쉽지 않다. '격'을 지키려면 흐름을 읽어야 한다. 주위의 변화, 그리고 자신의 변화. 주변의 변화와 자신의 변화에 맞추어 끊임없이 자신이 설 자리를 조율해 나가야 한다. 그러자면 그 흐름이 자신에게 바꾸어 놓은 것을 받아들일 수 있는 용기가 있어야 하는데 과연 나는 잘하고 있는 걸까?

나이
든다는
것은

한 때는 나이 드는 것이 즐겁게 느껴질 때가 있었다. 까칠하던 성격도 한풀 꺾이고 모나던 성격이 너그럽고 온화한 성격으로 바뀌었다. 젊을 때는 낯선 사람들과 말 한마디 섞지 못했건만 이제는 누구와도 어렵지 않게 대화를 나눌 정도로 능글맞게 변하기도 했다. 그런 변화를 보며 '이게 나이에서 오는 관록이라는 것이구나' 하고 느낀 적이 있다. 그래서 나이 드는 것이 서럽지도 않고 딱히 안타깝지도 않았다. 오히려 나이 듦이 진심으로 반가웠다. 비록 눈은 침침해지고 흰머리가 늘어가고 있었지만 그래도 나름 즐거웠다.

조금 더 나이가 들자 다시 생각이 바뀌었다. 반가움이 슬픔으로 바뀐 것이다. 요즘은 나이 든다는 것이 참으로 고통스러운 일이라는 생각이 든다. 나이 듦이란 하나씩 익숙한 것과 이별하고 그 아픔을 삭여야 하는 것인가 보다.

늘 어린애 같기만 하던 첫 아이 현준이가 군에 입대했다. 하필이면 제일 추운 시기에. 서 있는 것조차 고통스럽게 느껴지는 칼바람 속에 민둥머리 아들을 연병장에 남기고 돌아오는 길이 어찌나 서럽고 안타깝던지 눈물이 핑 돌았다. 의경이기에 군사 훈련이 끝나고 자대 배치를 받으면 자주 볼 수 있을 테고, 다른 아이들에 비해 상대적으로 편한 군 생활을 하겠지만 그럼에도 불구하고 모진 바람 때문인지 마음이 아리기만 했다.

군대에 다녀오고 나면 독립을 시켜야겠지. 말로는 어서 독립해서 나가라고 하지만 막상 그 시간이 다가오니 왜 이렇게 아쉬운 마음이 드는지 모르겠다. 자식을 품 안에서 떠나보내는 부모의 마음이 다 그렇지 않겠는가? 길다면 길고 짧다면 짧은 20여 년의 세월. 알콩달콩 같이 했던 그 시간이 이젠 끝나간다는 생각이 들어 슬프다.

어머니도 꽤 나이가 드셨다. 벌써 팔순이 다 되셨다. 얼마다 더 건강하게 지내실 수 있을지 모르겠다.

이슬이도 걱정이다. 만 열세 살을 넘기고 갑자기 시작된 종양으로 인해 하루하루를 살얼음을 걷는 것처럼 투병 중이다. 아픈 곳 하나 없이 건강하던 녀석이 하루아침에 종양 판정을 받고 길어봐야 3개월이라는 시한부 삶을 선고받았다. 눈이 안 보이는 것은 물론 귀도 안 들리고 냄새도 잘 맡지 못한다. 밖에 나갔다가 돌아오면 문을 열기도 전에 문 앞에 달려 나와 반갑게 맞아 주던 아이가 이젠 문을 열고 들어와 몸에 손을 대기 전에는 알아보질 못한다. 어렵사리 방사선 치료를 결심했지만 치료가 끝난다고 해도 얼마나 더 살 수 있을지 걱정이다. 이미 적지 않은 나이다 보니 치료가 성공적으로 끝난다고 해도 또 다른 이유로 생을 마감할지도 모른다. 믿기지 않지만 그래도 마음의 준비는 하고 있어야 할 듯하다.

아이들은 자라서 군대에 가고, 또 자신의 길을 찾아 품 안에서 떠나고, 13년을 넘게 즐거움을 줬던 이슬이도 언제 헤어질지 모르는 상태이고, 어머니의 건강조차 안심할 수 없다. 나이가 들면서 익숙한 것들, 정들었던 것들, 사랑하는 존재들로부터 이별해야 하는 일들이 많아진다. 이미 앞서 세상을 등진 친구들도 있다. 그렇게 하나둘씩 주위에서 떠나가거나 떠나갈 준비를 하고 있다.

  나이 든다는 것은 익숙한 것들과 헤어지는 과정이 아닐까 한다. 내가 아끼는 것들, 내가 아끼던 사람들, 내 젊은 시절을 함께했던 소중한 추억들을 떠나보내야 하는 것이 나이 드는 것인가 보다. 그래서 나이 든다는 것은 즐거운 일이기도 하지만 한편으로는 견딜 수 없는 슬픔이기도 하다.

  이젠 나이 드는 것이 서럽다. 예상하지 못했던 이별이 언제 옆구리를 헤집고 들어올지 모르기 때문에.

수면내시경을
하면서
떠올린 생각

나이가 들면서 일 년에 한 번씩은 건강검진을 하려고 한다. 언젠가 건강검 진을 하던 해, 아내가 해준 재미있는 이야기가 떠오른다. 수면마취를 하기 위해 약을 투여하면서 담당 의사가 곧 잠이 들 거라고 했는데 잠이 들지 않더란다. 그래서 "선생님, 전 잠이 안 와요"라고 했더니 그 의사 왈, "다 끝 났습니다. 이제 일어나 나가시면 돼요." 그 말을 듣고 아내와 둘이 얼마나 웃었는지 모른다.

건강검진을 할 때면 늘 수면내시경을 선택하곤 한다. 구역질을 참기 힘 든 데다 코로 숨 쉬는 것이 여의치 않아 굵은 케이블이 목을 가득 채울 때마다 두려움과 고통을 느끼기 때문이다. 비용이 다소 추가되더라도 수면내시경을 하면 편리하게 검사를 마칠 수 있으니 수면내시경을 선호하는 편이다. 하지만 내가 수면내시경을 선호하는 이유는 또 다른 이유가 있다. 건강검진을 할 때면 은근히 수면마취를 하는 내시경 검사 시간이 기다려지기도 하는데, 어쩌면 나만의 은밀한 비밀 같은 것이기도 하다.

일반적으로 다른 사람들은 수면마취를 할 때 느낌이 좋지 않다고 한다. 약물이 몸을 타고 들어오는 느낌도 이상하고 순식간에 정신을 잃는 것이 그리 달갑게 여겨지지 않는 모양이다. 하지만 난 그 느낌을 좋아한다. 내가 수면내시경을 선호하는 이유도 바로 그것 때문이다.

지금은 조금 좋아지긴 했지만 난 평생을 수면장애에 시달려왔다. 마치 꺼지지 않는 컴퓨터처럼 잠자리에 누워도 쉽사리 잠에 들지 못했다. 잠이 오지 않아 몇 시간씩 누워 있는 것은 기본이고 얕은 잠에서 깊은 잠으로 빠져 들려다가도 소스라치게 놀라듯 각성 상태로 되돌아오는 일이 부지기수였다. 어렵사리 잠에 들어도 깊은 잠에 빠져들지 못하고 선잠을 자는 날도 많았다. 미국에서 공부하던 시절, 부족한 영어 실력과 매일매일 주어지는 과제 때문에 어쩔 수 없이 새벽 두세 시까지 책상 앞에 앉아있곤 했는데 막상 잠을 자려고 누우면 오히려 정신이 맑아지곤 했다. 말똥말똥한 정신 탓에 한숨을 푹푹 내쉬며 수십 차례 잠자리를 뒤척이다가 벌겋게 충혈된 눈으로 수업을 들으러 간 날도 많았다. 견딜 수 없이 심한 경우에는 수면제를 처방받아 먹기도 했지만 근본적인 치료는 이루어지지 못했고 고통스러운 시간이 계속되었다. 자야 할 시간이 되면 즐거움이 아닌, 두려움에 가까운 감정이 밀려들었다.

수면장애는 사는 모습도, 성격도 달라지게 만들었다. 직장 생활하는 사람이 잠을 제대로 잘 수 없다는 것은 커다란 장애요인이 아닐 수 없다. 아침이면 늘 머릿속에 안개가 낀 것처럼 정신이 몽롱했기에 일에 집중하기가 쉽지 않았다. 직장생활을 할 때 비록 요직에 있긴 했으나, 어쩌면 난 내가 가지고 있는 역량의 반도 발휘하지 못했을지 모른다. 조울증이라고 불리는 양극성 장애도 있어 아침이면 까칠했다가 저녁이 되면 기분이 풀어지곤 했다. 짜증도 많았고 신경질도 심해 주위 사람들을 힘들게 만든 일도 많았다. 몸이 편치 못하니 사고하는 것도 건강할 수 없었다. 긍정적 사고보다 부정적 사고가 많았고 인생의 밝은 면보다는 어두운 면을 보는 일이 많았다. 이 글을 읽는 독자들은 어쩌면 내가 겪었을 고통을 안타깝게 여기고 동정할지 모르겠지만 막상 그런 사람이 옆에 있다면 가까이하고 싶지 않을 것이다.

이런 배경이 있다 보니 내 평생소원은 잠을 잘 자는 것이었다. 세상에 제일 부러운 사람이 베개에 머리만 대도 잠이 든다는 사람이고 숙면을 취한다는 사람이다. 수면에 장애가 있지 않은 사람들은 이해하기 어렵겠지만 잠 못 자는 것만큼 고통스러운 일도 없다. 당연히 잠을 잘 자는 사람이 부러울 수밖에.

수면내시경을 할 때면 약물이 들어오는 느낌과 함께 셋을 세기도 전에 잠에 빠져든다. 평생을 수면장애에 시달려온 나에게 그렇게 쉽게 잠에 빠질 수 있다는 것은 신세계가 아닐 수 없다. 비록 그것이 일시적으로 뇌의 의식 상태를 박탈하는 것으로, 진정한 수면과는 질적으로 다르다 해도 그 과정에서 경험하는 환상적인 느낌은 어쩔 도리가 없다. 누군가는 내 말을 듣고 프로포폴 중독 가능성이 있다고 겁을 주기도 하지만, 절박함을 경험해보지 못한 사람은 잠 못 드는 고통이 어느 정도인지 절대 모를 것이다.

나이가 들면서 이제는 젊은 시절만큼 수면장애에 시달리지도 않고 예전처럼 규칙적인 생활을 하지 않아도 되니 잠의 질도 조금 나아졌다. 그러나 과거에 나를 짓눌렀던 수면장애에 대한 두려움으로부터는 완전히 벗어나지 못했다. 그러다 보니 간혹 드는 걱정 중에 하나가 죽음을 맞이하는 순간이다. 내가 더 나이 들어 죽음이 가까이 찾아왔을 때, 젊은 날 쉽사리 잠들지 못한 것처럼 쉽게 눈을 감지 못하면 어쩌나 하는 걱정이 들 때가 있다. 아직 젊다면 젊은 나이니 쓸 데 없이 사서 하는 걱정일지 모르나 이왕 죽는다면 힘들지 않게 끝났으면 좋겠다. 웰 다잉이 별 것이겠는가? 가야 할 때 고통스럽지 않게 훌쩍 떠나는 것이 웰 다잉이지. 이 세상 삶을 마치고 저승으로 갈 때 마치 수면내시경을 하듯 그렇게 편안하게 가고 싶다.

더 나아갈
길이
있다는 것

글 쓰는 사람에게 등급이 있을까? 프로 스포츠 선수, 가수, 배우, 교수나 강연가, 그리고 직장인들에게도 평가 등급이라는 것이 있듯이 글 쓰는 사람에게도 등급이 있다면, 나는 어떤 등급일까?

지금까지 열 권의 책을 썼다. 그중에는 반응이 신통치 않았던 책도 있지만 베스트셀러에 오르고 스테디셀러가 된 책들도 다수 있다. 상업적인 성공을 거두지 못했을지라도 세종도서에 선정된 책도 있고, 이러저러한 기관의 추천도서로 선정된 책들도 있다. 언제 책이 나왔는지도 모르게 사라지는 수많은 책들 사이에서 그 정도면 나름 선전하고 있는 것처럼 보인다. 책을 쓴 덕분에 방송에도 심심찮게 나갔다. 모 방송의 생방송 뉴스에도 출연했고 공중파 라디오에 출연한 경험도 있다. 한 라디오 프로그램에서는 3개월간 고정 코너에 출연하기도 했다. 살면서 한 번 방송에 나가기도 힘들지만 이제는 제법 익숙해졌다. 여기저기 기업 사보에도 수많은 기고를 했다.

자랑하려고 내 얘기를 한 것은 아니다. 책을 쓰고 방송 출연을 하는 등 나름 활발하게 활동하고 있지만 작가로서의 나에 대한 브랜드 인지도는 그리 높은 것 같지 않다. 책을 냈다고 하면 '작가'라며 존경의 눈길로 바라보는 사람들이 여전히 많지만, 요즘은 책 쓰기가 특별한 사람들만의 전유물이 아니니 그다지 자랑할 만한 일도 못 된다. 어쩌면 난 작가로서의 브랜드 파워가 없는 것 아닌가 하는 생각이 들 때도 있다. 그럼에도 불구하고 난 여전히 글을 쓴다. 시장에서의 성공 여부와 상관없이 한 권의 책이 마무리되면 또다시 새로운 주제를 찾아 글을 쓸 준비를 한다. 한동안은 글 쓰는 것에 회의를 느껴 그만둘까 생각하기도 했지만, 이제는 특별한 일이 있지 않는 한 글쓰기를 계속하게 될 것 같다.

가끔 내가 쓴 책들을 보면서 낯 뜨거워질 때가 있다.
'왜 이 정도밖에 안 되지?'
콘텐츠에 대한 불만족, 글의 깊이에 대한 불만족, 독자에게 전달할 수 있는 공감대에 대한 불만족 등 돌아보면 불만족 투성이다. 그래서 난 작가로 불리는 걸 싫어한다. 모름지기 작가라고 하면 적어도 스스로 만족할 수 있는 글을 쓸 수 있는 사람이라고 생각하는데 나의 글은 아직도 스스로를 만족시키지 못한다고 여겨지기 때문이다. 그래서일까, 종종 내가 'C급 작가'가 아닐까 하고 생각할 때가 있다. 자존감이 낮아 나 자신을 낮추려는 의도를 가지고 있는 것은 아니다. 사람마다 생각이 다를 수 있으니 누군가는 나를 그런 눈으로 볼 수도 있겠다는 생각이 들 뿐이다.

———ǁ———ǁ———ǁ———

만일 사람들이 날 C급 작가로 평가한다면, 난 불행한 걸까, 아니면 불행해야 하는 걸까? 또는 불행하다고 여겨야 하는 걸까? 전혀 그렇지 않다. 불행하지도 않고 불행하다고 생각한 적도 없다. 책을 써서 성공한 사람의 반열에 오르고 잘 나가는 사람들을 보면 부러운 생각이 들 때도 있긴 하지만 내가 성공하지 못했다고 해서 불행한 사람이라 여겨본 적은 단 한 번도 없다. 오히려 내가 C급 작가라면 그것을 행복이라 여길 때가 많다. 이유는 간단하다. 다다르고 싶은 목표가 있기 때문이다. 만약 내가 지금 C급 작가가 아니라 A급 작가라면 난 무엇을 해야 할까? 어쩌면 목표를 상실했을지도 모른다. 혹은 책을 쓰기만 하면 베스트셀러가 되는 A급 작가라는 명성에 취해 교만해져 있을지도 모른다. 또는 A급 작가라는 명성을 지키기 위해 심한 스트레스에 빠져 방황하고 있을지도 모른다.

다행히 난 아직 A급 작가는 아니다. 먼저 책을 내자고 제안해오는 출판사도 없고 내가 쓴 원고는 무조건 받아준다는 출판사도 없다. 책을 낼 때마다 힘겨운 과정을 반복해야 하니 어쩌면 C급 작가라는 내 생각이 맞을지도 모르겠다. 하지만 난 C급 작가이기 때문에 A급 작가가 되기 위해 끊임없이 노력하고 있고, C급 작가이기에 언젠가는 A급 작가가 될 수 있다는 희망을 가질 수 있어 즐겁다. 언젠가는 내게도 A급 작가가 될 수 있는 기회가 올 것이다. 물론 그 순간이 KTX 노선처럼 정해진 시간이 되면 반드시 오는 종류의 것은 아니지만, 올 수 있는 기회가 충분히 남아 있다. 이렇게 삼류 작가처럼 오랜 시간을 버티더라도 그래도 하고 싶은 일을 잃지 않고, 언젠가는 나도 잘 나가는 작가가 될 수 있다는 희망을 가지고 살 수 있다는 게 얼마나 좋은가? 마치 아궁이 속에 달디 단 군고구마를 숨겨 두고 있는 것과 다를 바 없지 않을까?

목표도, 기회도, 희망도 아직은 내 주머니 속에 남아 있다. 그것들이 마치 손난로처럼 내 가슴을 덥혀주고 있기에 난 스스로를 C급 작가라 여겨도 그저 즐겁기만 하다. 때론 힘들기도 하고, 때론 글 쓰는 일이 버겁기도 하고, 때론 지겹기도 하며 결과에 좌절하기도 하지만, 그래도 바라보고 갈 수 있는 곳이 있다는 게 행복하다는 생각이 든다. 목표 없이 살아가는 것이 얼마나 고통스러운 일인지 잘 알기에.

그나저나 내가 그렇게 긍정적인 사람도 아닌데, 내일은 분명 서쪽에서 해가 뜰 거다.

**결국 모든 게
내 마음에
달린 일**

주위 사람 중에 늘 눈에 가시처럼 행동하는 사람이 있다. 한 동안 그 사람으로 인해 몹시 힘들었다.

그 사람은 늘 다른 사람의 강의 스케줄을 확인하고 특정한 달에 자신보다 강의가 많으면 꼭 묻곤 한다.

"어떻게 그렇게 강의가 많아요?"

사실 알고 보면 그 사람의 강의가 나보다 훨씬 더 많다.

그럼에도 불구하고 어쩌다 한 번씩은 강의가 많은 달이 생기게 마련이다. 그럴 때면 꼭 그런 식으로 묻곤 한다. 마치 자신은 강의가 없는데 나만 강의를 많이 하는 것처럼 말이다. 말투에 시기와 질투가 스며 있다. 그리곤 꼭 한 마디 더한다.

"소장한테 총애받나 봐."

소장이란 내가 속한 부서의 관리자를 일컫는 말이다. 그 말을 들을 때마다 심장이 마치 롤러코스터를 탄 것처럼 요동친다. 못 들은 척하고 싶지만 속으로는 울렁거리는 감정을 다스리기 힘들어진다.

늘 그런 식이다.

늘 자신과 다른 사람들을 비교하고, 자신의 넘치는 부분은 보지 못하고 자신의 부족한 부분만 본다. 그리고 자신의 부족한 부분을 끄집어내어 다른 사람의 넘치는 부분과 비교한다. 그 비교로 인해 듣는 사람은 늘 피곤하고 지친다.

난 그 사람이 싫다. 밉다. 지긋지긋하게 밉다. 그래서 한 동안 그 사람을 엄청 미워했다. 오며 가며 어쩌다 마주치는 것조차 싫었다. 멀리서 모습이 보일라치면 짐짓 못 본 척하거나 마주치지 않도록 돌아다니곤 했다.

그렇게 한 동안 시간이 지났다.

이상한 일이 일어났다.

그 사람을 미워할수록 내 삶이 피곤해졌다. 그 사람을 미워하면 미워할

수록 내 영혼이 피폐해지는 느낌이 들었다. 그 사람을 생각할 때마다 스트레스가 솟구쳐 손발이 저리는 듯했다. 그 사람이 모이는 자리엔 내가 의도적으로 피했고 그러다 보니 사람들 사이에서 내가 소외됐다. 그 사람은 그런 식으로 행동하면서도 누구와도 척을 지지 않는 성격이기에 늘 피해는 내게 돌아왔다.

그제야 알게 되었다.

누군가를 미워한다는 것은 나 스스로의 영혼을 갉아먹는 짓이라는 것을. 내 스스로 행복한 삶을 파괴하는 짓이라는 것을. 사람이 사람을 미워하게 되면 그 피해는 미워하는 대상에게 돌아가는 것이 아니라 그 사람을 미워하는 내게 돌아온다는 것을. 누군가를 미워한다는 것은 정신적인 피해뿐 아니라 사람과의 관계에까지 피해를 가져올 수 있다는 것을. 누군가를 미워하는 것은 날카로운 흉기를 가슴속에 품고 있는 일이며 그 흉기로 인해 내 가슴에 먼저 상처를 입는다는 것을.

잊기로 했다.

싸게 행동한다고 치고 잊어버리기로 했다. 더 이상 그 사람을 피하지 않고 그 사람의 말에 신경도 쓰지 않기로 했다.

그러자 마음이 편해졌다. 사람들과의 관계도 다시 복원되었다. 손발이 저리는 스트레스도 사라졌다.

살아가면서 우리는 사람들로 인해 많은 스트레스를 받는다.

일로 인한 스트레스도 결국은 사람이 주는 것이다. 다른 사람과 얽히고 얽히며 살아가는 우리에게는 사람은 피할 수 없는 존재다. 피할 수 없으면 즐기라는 말이 있듯이, 피할 수 없는 스트레스는 굳이 피하려 할 필요가 없다.

무시하면 그만이다.

마음 하나만 바꿔도 삶이 이렇게 즐거워질 수 있음을 깨닫는다.

재능을 이길
방법은
노력뿐

난 아직도 스스로를 작가라 부르기 싫어하지만 사람들은 나를 작가라고 부른다. 어찌 되었든 작가에게 책 읽기는 필수다. 반드시 하지 않으면 안 될 일이다. 좋은 글을 쓰는 것만큼이나 좋은 책을 읽는 노력을 게을리해서는 안 된다. 책을 읽으며 그 안에서 새로운 지식을 얻고, 책을 읽으며 그 안에서 삶의 지혜를 얻고, 책을 읽으며 그 안에서 새로운 글감에 대한 통찰력을 얻고, 책을 읽으며 그 안에서 사람들이 원하는 것을 찾아낼 수 있다. 그래서 글을 쓰는 것만큼 게을리해서는 안 될 일이 책을 읽는 일이다. 평범한 삶에서 책을 읽는 것만으로 대★작가의 반열에 오른 사람들도 있으니 그만큼 책은 사고와 행동에 변화를 줄 수 있는 가장 건강한 자극이다.

안타깝게도 난 책 읽는 것이 어렵다. 활자를 읽어 내려가는 것이 어렵고, 마음을 흐트러뜨리지 않고 책의 내용에 집중하는 것이 어렵고, 책을 읽고 나서 내용을 파악하고 기억하는 것도 어렵다. 누구나 정도에 따라 그런 경향이 있겠지만 나는 특히 심하다. 스스로 집중력 장애가 아닐까, 아니면 가벼운 난독증이 아닐까 여길 정도다. 책을 읽는 속도도 심각하게 느린 편이다. 어떤 사람은 두세 시간만에 300쪽짜리 책 한 권을 읽건만 난 이틀 가까이 걸려야만 완독할 수 있다. 뇌를 공부한 입장에서 보면 어린 시절 책을 많이 읽지 못한 탓에 나이 들어서도 책 읽기가 어려운 듯도 하고, 두뇌 기능 간의 협업이 떨어지는 것 같기도 하다. 사정이 이렇다 보니 책을 읽기도 어렵고 참고자료로 쓸 자료를 찾기도 쉽지 않다. 그렇다고 해서 책을 멀리할 수도 없으니 어떤 경우에는 난감하기도 하다.

사람들에게 이런 이야기를 하면 믿으려 하지 않는다. 어떻게 책 읽기를 어려워하는 사람이 책을 쓸 수 있냐고 반문한다. 엄살을 피운다고도 한다. 그런 이야기를 들으면 속이 갑갑해 온다. 내게는 절박하고 현실적인 문제를 마치 없는 말을 지어내는 것처럼 받아들이니 말이다. 하지만 스스로 그 입장이 되어보지 않으면 다른 사람의 어떤 어려움도 이해할 수 없는 법이니 답답해도 참을 수밖에 없다.

이쯤 해서 고백할 수밖에 없겠다. 책 읽기에 어려움을 겪는 내가 할 수 있는 방법은 오로지 노력뿐이다. 재능이 모자란 사람이 재능이 뛰어난 사람을 이길 수 있는 방법은 오로지 노력밖에 없다. 마치 거북이가 노력으로 토끼를 경주에서 이긴 것처럼 말이다. 어떻게 보면 책 읽기도 하나의 재능이라고 할 수 있다. 나의 책 읽기 재능이 부족하니 부족한 재능을 메우려면 오로지 노력하는 수밖에 없다. 노력은 결코 타고난 재능을 이길 수 없는 게 현실이지만 그래도 꾸준히 노력하다 보면 타고난 재능만큼은 못해도 아쉬운 대로 부족함을 메울 수는 있다.

오늘도 책 읽기는 내게 고통스러운 일이지만 내게 없는 책 읽기의 재능을 보완하려면 싫어도 할 수밖에 없다. 노력하다 보면 언젠간 좋아지리라 기대하면서.

재능은
나이와 상관없이
발휘될 수 있는 것

고백하건대, 학창 시절 나의 글짓기 솜씨는 거의 낙제에 가까웠다. 흔하디 흔한 백일장에서 상을 받기는커녕 참가할 기회조차 잡지 못했고, 대학 때 써낸 리포트는 B나 C 학점을 받기 일쑤였다. 언젠가 동아리에서 만난 후배가 간절히 부탁하기에 거절하지 못해 리포트를 써 준 일이 있는데 C 학점을 받아 얼마나 미안했는지 모른다. 그만큼 나의 글솜씨는 논리적이지도 못했고 누군가의 주목을 받지도 못했다.

그랬던 내가 책을 쓰는 작가가 되었다. 물론 전문적인 작가라기보다 강사라는 본업을 가지고 있으면서 틈틈이 글을 쓰는 작가이지만 어느새 열 권의 책을 썼다. 조만간 강사를 그만두고 전문 작가로 나서 볼 참이다. 알 수 없는 일은, 원고를 투고하고 출간을 위해 출판사와 미팅할 때마다 나의 글을 칭찬한다는 것이다. 글이 꽤 논리적이고 손 볼 것이 별로 없을 정도로 탄탄하다는 것이다. 그래서 내 원고로 편집 작업을 하는 편집자들은 내게 상당히 편하다는 말을 자주 한다. 심지어 내가 넘긴 원고 그대로 출판된 것을 보고 놀란 적도 있다. 단 한 번도 스스로 글을 잘 쓴다고 생각해본 적은 없지만 그런 이야기를 워낙 자주 듣다 보니 이제는 '그런가?' 하는 생각도 든다. 나 자신마저 글을 잘 쓰는 것처럼 착각하는 경지에 이르렀다는 말이다.

여전히 의심스럽기는 하지만 어쩌면 글쓰기는 내가 가진 재능인지도 모른다. 다만 그것을 미처 모르고 있었을 뿐. 그러다 우연히 책을 쓰게 되었고 뒤늦게 숨겨진 재능을 발견한 것인지도 모른다. 만일 그렇다면 재능은 평생을 두고 언제든 나타나고, 발견될 수 있는 것인가 보다.

작은 아이는 예술적인 분야에 관심이 많다. 요즘 아이들이 그렇듯 아이돌이 되고 싶어 한다. 같은 학교를 다니는 친구들과 그룹을 만들어 군무를 하기도 하고 동아리 선생님의 지도하에 다른 학교에 원정 출연을 하기도 했다. 학교에서는 연극반에서 연출가로 활동하기도 했다. 공부에는 영 관심이 없는 듯 지금까지 만족스러운 성적을 보여준 적이 없지만 아마도 마음 먹고 공부를 시작한다면 그 또한 잘할 것 같다. 어쩌면 모든 부모가 공유하는 착각일지 모르지만. 어쨌거나 둘째가 가진 재능은 문리적인 것보다는 예술적인 것에 가까우리라 생각해왔다.

하지만 안타깝게도 둘째 아이의 재능은 전문가가 보기에는 그리 특출나지 못한 모양이다. 몇 차례 기획사에서 오디션을 보기도 하고 연기학원에도 가 보았지만 번번이 좋은 결과를 얻지 못했다. 그때마다 아이는 크게 실망하는 눈치였다. 왜 아니겠는가? 하고 싶은 일이 있는데 마음대로 되질 않으니 속이 많이 상할 것이다. 하지만 한편으로 보면 객관적으로 그 분야에 재능이 없는 것인지도 모른다. 꾸준한 노력으로 부족한 재능을 보완하고는 있지만 아이가 원하는 길은 그 아이가 가야 할 길이 아닐지도.

아이는 자신의 꿈을 이루고 싶어 춤과 노래에만 신경 쓰고 공부는 영 뒷전이다. 하지만 난 아이에게 단 한 번도 공부하라는 말을 한 적이 없다. 공부하라고 해서 공부할 것도 아니고 때가 되어 아이 스스로 공부의 필요성을 느끼면 그때라도 할 것이기 때문이다. 아이 입장에서는 당장 연예인이 되고 싶겠지만 어쩌면 둘째 아이의 재능은 다른 데 있는지도 모른다. 아직은 그것이 무엇인지 모르지만 살다 보면 언젠가 자신의 재능을 찾을지도 모를 일이다. 내가 뒤늦게서야 글쓰기에 재능을 찾은 것처럼 말이다.

———ǁ——ǁ——ǁ——ǁ———

　대부분의 부모가 자녀의 공부에 목숨을 걸지만 난 아이들에게 단 한 번도 공부하라는 말을 해 본 적이 없다. 평생 공부만 하며 살았던 나의 삶이 그리 만족스럽지 않았기에 난 우리 아이들만큼은 공부보다 재능을 발휘하며 살길 바란다. 어찌 보면 공부는 특출 난 재능이 없는 사람들이 부족한 재능을 메우기 위해 하는 것이라는 생각이 들 때도 있다. 그나마 공부라도 하면 타고난 재능이 없는 사람도 어느 정도는 먹고살 수 있으니 말이다. 그러나 타고난 재능이 있는 사람은 그것만으로도 평생을 즐겁고 행복하게 살 수 있다. 경제적으로도 넉넉한 삶을 누리면서 말이다.

　인생을 살면서 공부보다 더 중요한 건 자신의 재능을 찾고 그 재능을 발휘하며 사는 것이다. 공부를 잘하는 사람은 엘리트 코스를 밟아 좋은 직장에 들어가고 남들 시키는 대로 노예처럼 사는 것이 인생의 전부이지만, 자신의 재능을 찾아 그것을 발휘하는 사람들은 자신이 살고 싶은 삶을 살 수 있다. 공부에 재능이 없는 사람도 돈벌이에는 탁월한 재능을 발휘할 수 있고, 공부에 재능이 없는 사람도 인간관계에는 빛나는 재능을 발휘할 수 있다. 각자의 재능에 맞는 일을 하면 일 자체가 즐겁고 행복해질 수 있다. 일이 즐거우면 인생 자체가 즐거울 것임은 말할 필요도 없다. 그렇다면 공부보다 더 중요한 건 평생을 행복하게 살 수 있도록 만들어주는 타고난 재능을 찾는 것 아닐까?

둘째 아이의 수능을 앞두고 아빠의 입장에서 걱정스러운 마음이 들기도 한다. 하지만 아이가 대학을 가든 그렇지 못하든 난 걱정하지 않는다. 아이는 분명 자신의 재능을 찾아낼 것이고 그 재능을 발휘하며 만족스럽게 자신의 삶을 누릴 것이다. 그래서 더 이상 불안해하지도 걱정하지도 않는다. 아이는 분명 잘 해낼 것이다. 부모의 입장에서 굳게 믿어주고 응원해 주기만 한다면 말이다.

덧붙이는 글. 둘째는 2020년에 대학에 진학했다. 자신이 꿈꿔왔던 것과는 무관한 전공을 선택해서 말이다. 그러나 난 끝까지 둘째를 믿는다. 지금의 선택이 만족스럽지 못하더라도 그 스스로 행복한 삶을 개척해 나갈 것임을.

공짜는
무시해도
되는 것일까

글을 쓰고 공부를 하면서 내가 가진 작은 재능을 나누어 주고 싶어 종종 무료 강의를 하곤 한다. 한 번은 책을 쓰고 싶은 사람들을 모아 강의를 한 적이 있다. 그 강의는 무려 10주가 넘게 진행되었고 그중에는 나의 도움을 받아 책을 낸 사람도 있다. 뇌과학 관련 분야의 공부를 하면서 뇌를 알고 싶어 하는 사람들을 모아 주기적으로 스터디 모임을 가지기도 했는데 일 년 동안 꾸준히 진행되었다. 백지상태 또는 어렴풋하게 뇌에 대해 알고 있 던 사람들이 제법 뇌과학 용어들을 어렵지 않게 구사할 수 있는 수준이 되 었다.

내가 글쓰기나 뇌과학 스터디를 하는 이유는 무엇보다 내가 가진 지식을 체계적으로 정리하고자 하는 목적이 크지만 그것만으로는 모임을 계속 이끌어 나가기 어렵다. 나와 함께하는 사람들이 글쓰기나 뇌과학 공부에서 작은 진전이라도 있길, 그래서 책을 내거나 혹은 자신의 일에 적절히 활용할 수 있게 되기를 바라는 마음이 간절하다. 그러기에 때로는 진지하게, 열정을 가지고 모임에 임했으면 좋겠다는 바람이 크다.

그러나 나의 바람과는 달리 사람들은 대체적으로 강의에 대해 다른 생각을 가지고 있는 듯하다. 무엇보다 무료 강의이다 보니 모임에 참여하는 문턱이 전혀 없다. 누구나 원하는 사람은 들어올 수 있고, 원한다면 자격 여부와 관련 없이 함께할 수 있다. 그러다 보니 나가는 것조차 거리낌이 없다. 쉽게 들어온 만큼 쉽게 떠난다. 열정이나 책임감 같은 것은 느끼기 어렵다. 너무나 쉽게 모임을 하겠다고 결정하고, 또 그만큼 쉽게 모임을 떠난다. 제각기 개인적인 이유나 무언가를 꾸준히 할 수 없게 되는 사정이 있음을 잘 알지만, 상황을 내다보려는 신중함이나 대안을 찾으려는 열정 같은 것은 보이지 않는다. 할 수 있으면 하되 그것에 우선순위를 두지는 않는다. 특별한 일이 있지 않는 한 모임 날짜가 고정되어 있음에도 불구하고 모임을 한두 시간 앞두고 가족 행사나 개인적인 일이 생겨서 못 오겠다는 문자가 줄지어 도착하곤 한다.

어떤 사람들은 책을 내고 싶다는 욕심 때문에 990만 원이나 하는 글쓰기 강의를 듣기도 한다. 300만 원에서 400만 원씩 하는 강의도 있다고 한다. 입이 떡 벌어지는 높은 금액에도 불구하고 사람들은 그런 강의에 마음을 빼앗긴다. 반면에 무료 강의라고 하면 별 볼일 없을 것이라 여긴다. 그래서 망설임 없이 쉽게 결정하고 그런 만큼 너무나 쉽게 떠난다. 시간이 없다는 이유로, 함께하는 사람들이 마음에 들지 않는다는 이유로, 내용이 어렵다는 이유로, 단지 꾸준히 시간을 내기 어렵다는 이유로 그렇게 손쉽게 들어온 문을 돌아 나간다.

우리 주위에는 많은 공짜가 있지만 보통 공짜는 가치가 낮을 것이라는 선입견을 가지고 있다. 건질 만한 것이 별로 없다고 여긴다. 하지만 세상에는 가치 없는 공짜도 있지만 가치 있는 공짜도 있는 법이다. 글쓰기 강의에서 나는 열 권의 책을 내면서 경험했던 모든 노하우를 아낌없이 전달했다. 특히 책을 내보지 않았거나 베스트셀러에 오르지 못한 사람들은 경험하지 못했던 살아있는 정보들을 여과 없이 전달했다. 뇌과학 스터디에서도 수박 겉핥기식의 표면적인 지식이 아니라 실제 주변의 문제에 응용할 수 있는 깊이 있는 지식을 전달하려 애썼다. 그럼에도 불구하고 사람들은 그 가치를 알아보지 못한다.

만일 내가 하는 강의에 높은 금액의 수강료를 책정한다면 어떻게 될까? 아마도 들어오는 것도, 떠나는 것도 좀 더 신중해지지 않을까? 적어도 본전 생각이 날 테니 말이다. 그러나 공짜 강의와 유료 강의에서 전달되는 콘텐츠에는 별 차이가 없을 것이다. 적어도 돈을 받지 않기 때문에 소홀히 하는 것은 없으니 말이다. 그럼에도 불구하고 사람들은 유료 강의에 더욱 가치를 둘지도 모르겠다.

겉으로 보이는 것이 늘 진실은 아니다.

다시,
배려와 존중을
생각하다

다행히도 올여름은 작년에 비해 그렇게 덥지 않았다. 그러나 해가 거듭될
수록 여름은 견디기 어려운 계절이 되어 가는 것 같다. 이제 에어컨 없는
여름은 상상하기 힘들다. 돌이켜보면 옛날에는 에어컨 없이 어떻게 한 여
름을 견뎠는지 진저리가 날 정도이다.

언젠가 아파트 출입구에 이런 공고문이 붙었다. 아파트 관리 사무소에
서 붙인 것으로, 날씨가 너무 더워 경비원들이 힘들어하니 모든 경비초소
에 에어컨을 설치하겠다는 것이었다. 가만히 있어도 숨이 턱턱 막히는 찌
는 듯한 무더위에 손바닥만 한 작은 공간에서 웅크리고 앉아 있는 경비원
들을 볼 때마다 안타까운 생각이 들었는데 에어컨을 설치한다니 마침 잘

됐다 싶었다. 누가 낸 아이디어인지는 몰라도 경비원들의 힘든 상황을 배려한 고운 마음씨에 절로 박수가 나왔다.

며칠 후 그 공고문 옆에 다른 공고문 하나가 붙었다. 이번에는 경비원들이 붙인 것이었다. 에어컨을 설치해준 주민들의 성의에 감사하며 전기요금이 많이 나오지 않도록 최대한 절제하고 아껴 쓰겠다는 것이었다. 그 밑에 볼펜으로 감사하다는 말이 덧붙여져 있었다. 관리사무소의 배려를 당연한 것으로 받아들이지 않고 주민들에게 불편을 끼치지 않겠다는 경비원들의 고운 마음씨에 감동이 밀려왔다.

관리사무소와 경비원들의 공고문을 보면서 내내 흐뭇한 미소를 감출 수 없었다. 비록 부자동네도 아니고 힘 있는 사람들이 사는 아파트도 아니지만 서로를 배려하고 존중하는 마음에 가슴이 따뜻해졌다. 인건비로 나가는 돈을 줄이기 위해서 아파트 경비원을 해고하고 경비원들에게 택배를 날라 달라며 갑질을 한다는 이야기들이 신문지 상을 심심치 않게 장식하는 시점에서 일어난 이 일은 내게 신선한 충격이었다.

세상은 혼자 살 수 없다. 더불어 사는 것이 세상이다. 때로는 누군가에게 기대기도 하고, 때로는 누군가 기댈 수 있는 기둥이 되어야 한다. 지극히 관념적인지는 몰라도 귀한 것도 없고 천한 것도 없다. 사람 위에 사람 없고, 사람 밑에 사람 없다. 모든 인간은 동등하다. 더불어 사는 세상에서 가장 중요한 것은 서로에 대한 존중과 배려이다. 돈 있다고 없는 사람을 깔보지 않고, 힘 있다고 힘 없는 사람을 무시하지 않으며, 배웠다고 못 배운 사람을 천하게 보지 않아야 한다. 누군가 다른 사람을 존중하고 배려하면 그것은 언젠가는 내게 돌아온다. 모든 사람들이 존중과 배려를 몸소 실천하면 세상은 더욱 따뜻하고 살기 좋아질 것이다.

호떡장사
할머니가 준
교훈

전철이나 버스를 내려 집으로 가는 길에 자그마한 공원을 지나야 한다. 벚꽃이 늘어선 공원 입구 양쪽으로는 두 개의 작은 노점상이 있는데 한쪽은 작은 붕어빵을 파는 점포이고, 다른 한쪽은 무엇을 파는지 정체를 알 수 없다. 정체를 알 수 없는 점포는 때로는 김치 같은 것을 팔기도 하고, 여름이면 옥수수 같은 것을 팔기도 하며, 어떤 때는 엿기름이나 부침 같은 것을 팔기도 한다. 하지만 수시로 판매하는 품목이 달라지다 보니 딱히 무얼 파는지 알 수 없는 곳이기도 하다. 붕어빵을 파는 노점은 그래도 꾸준히 단일품목으로 승부한 탓인지 손님이 끊이지 않는 것 같은데 무엇을 파는지 알 수 없는 노점은 당연히 사람도 별로 없다.

두 곳 모두 일흔은 넘었음직한 할머님들이 운영하는 곳이라 딱히 수익을 기대하기보다는 최소한의 생활비만 버는 것이 목적이리란 생각이 들었다. 사연이야 어찌 되었든, 그곳을 지날 때마다 무엇을 파는 것인지 알 수 없는 점포를 보면서 '연세도 있으시니 하루 몇 푼 버는 지금의 현실에 만족하며 사는 모양이다'라고 생각했다. 손주들 줄 용돈벌이의 수단으로만 생각한 것이다. 한편으로는 그래도 구청에서 허가해 준 곳이니 잘 활용하면 지금보다는 사정이 나아질 텐데, 그렇지 못하는 것 같아 안타깝기도 하고 한편으로는 답답한 마음도 들었다. 나 같으면 저 점포를 그냥 놔두지 않았을 텐데 하는 설익은 교만함과 함께 말이다.

오가는 길에 노점을 관찰한 지 꽤 오랜 시간이 흘렀다. 그런데 언제부터인가 무엇을 파는 점포인지 정체를 알 수 없는 노점의 문이 열리지 않았다. 언제까지 장사를 쉰다는 흔한 공지조차 없었다. '장사가 안 돼 그만 점포를 접은 건가?'하는 의문이 들기도 하고, '혹시 어디가 아파서 못 나오시는 건가?'하는 걱정도 들었다. 비록 단 한 번도 물건을 사 본 적은 없지만 그래도 오며 가며 낯을 익히다 보니 은근 걱정스러운 마음과 궁금한 마음이 교차했다. 그런 내 마음과는 아랑곳없이 점포의 문은 이후로도 꽤 오랜 기간 굳게 닫혀 있었다.

그렇게 시간이 훌쩍 지난 어느 날, 꽤 오랫동안 열리지 않았던 점포의 문이 기지개를 켜듯 활짝 열렸다. 그리고 점포 윗면에 '인사동 호떡'이라는 커다란 현수막이 내걸렸다. 점포 안에서는 예전에 정체모를 잡다한 물품을 팔던 그 노파가 난데없이 호떡을 구워 팔고 있었다. 호기심에 며칠 동안 지나다니며 유심히 살펴보니 호떡을 태우거나 설익게 굽는 것도 아니고 제법 잘 굽는 것 같았다. 맛이 괜찮은지 종종 사람들이 줄을 서서 사가는 모습도 볼 수 있었다.

처음 그 모습을 보았을 때 내게는 다소 충격이었다. 호떡이라는 것이 보기엔 쉬워 보여도 노점에서 늘 알맞은 조리 상태로 균일한 맛을 내기란 쉽지 않은 일일 것이다. 그런데 나이 든 분께서 그런 일을 새로 배워서 '신상품'을 출시했으니 어떻게 놀라지 않겠는가. 그러고 보니 꽤 오래 점포 문을 닫았던 이유가 호떡 굽는 기술을 전수받기 위한 것이었음을 짐작할 수 있었다. 아무 생각 없이 손주들 용돈이나 벌기 위해 점포를 운영한다는 내 생각은 잘못된 것임이 틀림없었다. 할머니는 나름대로 생존을 위해 최선을 다하고 있는 것일지도 몰랐다. 생각이 거기까지 미치자 점포를 제대로 활용하지 못한다는 비난이, 낯선 것에 도전할 수 있는 용기를 칭찬하는 마음으로 바뀌었다. '아, 저 할머니는 내가 알고 있던 것과 달랐구나. 자신이 지금 있는 자리에서 만족한 것이 아니라 무언가 새로운 일을 구상하고 계셨구나. 저 많은 나이에도 불구하고 현실에 안주하기보다 계획한 일을 실천하기 위해 노력하셨구나' 하는 생각이 들었다.

그때쯤, 난 다소 무기력한 시간들을 보내고 있었다. 계획한 일들이 뜻대로 잘 되지 않으면서 의욕을 많이 잃은 것 같기도 했다. 두 군데 출판사와 출간 협의가 거의 성사 단계에 있긴 했지만 두 출판사 모두 책이 출판될 수 있을지 시큰둥하기만 했다. 빨리 매듭을 지으면 되는데 의미 없이 시간만 질질 끌고 있었다. 한편으로는 책을 읽고 공부를 하는 등 나 자신을 갈고 닦는 일에도 소홀해진 상태였다. 오랜 백수 생활에 지쳐 '어떻게든 되겠지' 라는 안일한 마음으로 지내고 있었는지도 모른다. 하지만 내 일은 글을 쓰고 강의를 하는 것이다. 끊임없이 스스로를 연마하지 않으면 안 된다. 의미 없이 시간을 흘려보내는 것은 그야말로 피 같은 돈을 길거리에 내다 버리는 행위나 다를 바 없다. 이런 것을 알면서도, 어쩌면 무기력을 핑계 삼아 하늘에서 감이 떨어지기만을 기다렸던 것인지도 모르겠다.

그처럼 주변 탓만 하며 지내던 내게 호떡장사를 새로 시작한 할머니의 도전은 많을 것을 일깨워 주었다. 그 많은 나이에도 늦었다 생각하지 않고 새로운 것을 배워 새 삶에 도전하는데, 난 단지 몇 번의 실패에 이렇게 무기력하게 있어서야 되겠는가. 어쩌면 무기력은 그저 편안함을 추구하는 핑계

거리에 불과했을지도, 다른 한 편으로는 무책임한 정신의 소산일지도 모른다는 생각이 들었다.

그 나이 든 할머니의 모습을 보면서 다시 한 번 나 자신을 흔들어 깨우게 되었다. 그리고 다시 한 번 용기를 내보자고 나 자신을 채찍질하는 계기가 되었다. 실패를 핑계 삼기보다는 실패를 이겨내고자 다짐해본다. 저렇게 나이 든 노인도 자신이 해야겠다고 생각한 것을 이루기 위해 많은 시간과 돈을 들이는데 상대적으로 젊디 젊은 내가 이 정도의 시련에 주저앉아서야 되겠는가?

변해버린
관계를
인정해야 할 때

고등학교 시절, 아주 친하게 지내던 친구가 있다. 졸업 후에도 십여 년 가까운 세월을 같이 어울리며 가족 간에도 가까운 사이가 되었건만 어쩌다 보니 연락이 끊어지게 되었다. 그렇게 이십여 년 세월이 지난 어느 날, 그 친구의 연락처를 알게 되었고 오십이 다 되어서야 다시 만나게 되었다. 알고 보니 내가 근무하는 직장과 꽤 가까운 곳에서 카페를 운영하고 있었다.

그 친구는 내게 각별한 존재이다. 대입 시험에 실패하고 재수할 때, 늦잠에서 벗어나지 못하는 친구를 위해 매일 아침마다 전화를 해서 잠을 깨워주기도 했고 친구의 아버님이 갑작스럽게 돌아가셨을 때는 마치 내 일처럼 나서 돕기도 했다. 고등학교와 대학 재학 시절 내내 손편지를 주고받았고,

워낙 오래 알고 지내다 보니 집안 식구들은 물론 아내와 자식에 관한 것까지 잘 알고 지낼 정도였다. 친구의 아내는 고등학교 재학 중에 만났고 대학에 들어가서도 서로 오가며 친하게 지냈기에 전혀 낯설지 않았다.

이십 년 가까운 세월이 지난 후 만난 친구는 아내와 같이 하던 사업에 크게 실패한 후 이혼한 채 혼자 조그마한 카페를 하며 아들을 키우고 있었다. 마지막으로 봤을 때만 해도 코흘리개 어린아이였던 친구의 아들은 어느새 고등학생이 되어 있었다. 카페를 하고 있다고는 하지만 그것만으로는 생활하기 어려울 정도로 경제적인 곤란을 겪는 것 같았다. 가슴 아팠다. 오랜만에 본 친구의 모습이 잘 되어 있다면 좋으련만 가장 힘든 상황에 있는 것만 같아 편치 않았다.

이 친구에게 누군가를 소개해 주기로 했다. 그의 아내 역시 나와 너무나 잘 아는 사이였기에 미안한 마음이 들기도 했지만 그렇다고 해서 남은 인생을 혼자 살도록 내버려 두는 것도 마음에 걸렸다. 대학을 다닐 때 알게 된 여자 후배에게 말을 꺼내니 마침 혼자 사는 후배가 있다고 했다. 말 나온 김에 쇠뿔도 뺀다고 이후로 모든 일들이 일사천리로 진행됐다. 몇 번의 만남이 이어졌고 두 사람은 결혼을 약속했다.

그런데 친구가 이상했다. 서로 간에 인연을 맺어준 것이 나임에도 불구하고 사전에 내게 잘 만난다는 말도 없었고 결혼한다는 말조차도 없었다. 상대방에 대해 그 어떤 말도 없었기에 만남이 이어지지 않은 줄 알고 있었건만 어느 날 보니 이미 살림을 합쳤다고 했다. 문득 섭섭한 마음이 들었다. 피치 못할 사정이 있었는지는 모르겠지만 어떻게 중매해준 내게 연락도 없이 결혼을 한단 말인가? 어쩔 수 없었다면 그 이후에라도 연락을 했어야 하는 것 아닌가? 하지만 섭섭한 마음은 내 것일 뿐, 그 친구의 입장에서는 그럴 수밖에 없는 사정이 있었을지도 모르기에 굳이 마음을 드러내지 않았다. 게다가 고맙다는 말을 들으려고 중매한 것도 아니었으니 그만 잊어버리면 되었다.

그렇게 몇 년의 시간이 흘렀다. 당뇨를 앓고 계시던 장모님이 돌아가셨다. 그런 소식을 여기저기 알리는 걸 좋아하는 성격이 아니기에 간단하게 고등학교 동기 모임에만 알렸다. 몇몇 친한 친구들이 다녀갔지만 그 친구는 끝내 모습을 보이지 않았다. 상중에는 정신이 없어 그 친구가 오지 않은 것조차 몰랐지만 장례가 끝나고 일상으로 돌아와 생각해 보니 그 친구의 모습을 보지 못한 것 같았다. 그 후 고등학교 동창 모임 밴드에 들어가 보니 친구가 남긴 글이 있었다.

'삼가 고인의 명복을 빕니다.'

그 글을 보는 순간 눈물이 났다. 친구의 배려에 눈물이 난 것이 아니라 누구나 할 수 있는 그 정도의 짧은 문장만 남긴 친구의 태도가 이해되지 않아 눈물이 났다. 문득 그 친구와의 관계가 끝났다는 생각이 들었다. 비록 무언가를 바란 것도 아니고 순수하게 그 친구를 사랑하는 마음에서 한 일들이었으나, 내가 그동안 그 친구에게 베푼 것들이 있는데 어떻게 전화 한 번 없이 그렇게 성의 없이 넘길 수 있단 말인가? 그 정도는 친하지 않은 사이에서도 예의상 충분히 할 수 있는 말 아닌가? 지극히 형식적이어서 잘 못하면 오히려 진심이 느껴지지 않을 정도의 말인데 그 한마디로 자신이 장례식장에 나타나지 않은 것을 대신하겠다는 것인가?

결혼 이후에 그 어떤 감사인사도 없고 초대도 없었던 것처럼 그 이후에도 그 친구로부터는 그 어떤 연락도 없었다. 한동안은 그 친구에 대한 괘씸한 마음을 다스리기 어려웠다. 아무리 생각해도 내 입장에서는 그의 행동이 이해되지 않았기 때문이다. 하지만 시간이 지나면서 그 친구의 일은 잊기로 했다.

'무슨 사정이 있겠지.'

하지만 아무리 잊으려고 해도, 섭섭한 마음은 희석되질 않고 있다. 그에게 무언가 피치 못할 사정이 있을 것이라 생각하면서도 그와 나 사이에 이젠 돌이킬 수 없는 골이 파였음을 부인할 수 없다. 가끔씩 그가 밴드에 글을 올리거나 그가 운영하는 카페에 친구들이 찾아갈 때마다 애써 보지 않으려 노력을 한다. 그만 잊으면 좋으련만, 그만 너그럽게 용서하면 좋으련만, 아무래도 내 머릿속에서 그에 대한 서운함을 지우기는 어려울 것 같다.

　아무래도 내가 쫌생이인 탓이리라. 그런데 왜 이렇게 눈물이 나려고 하는지….

천국으로
가는
계단

열세 번째 생일을 지난 어느 날, 건강검진 도중 이슬이가 앞을 못 본다는 진단을 받았다. 그동안 산책을 할 때도 이상한 점을 느끼지 못했고 집에서도 부딪히거나 하는 일 없이 생활했기에 실명이라는 진단을 받았을 때 적잖이 놀랄 수밖에 없었다. 눈치채지 못하는 사이에 이슬이의 눈이 멀어가고 있었건만 미처 그 사실을 알지 못했던 것이다. 이슬이의 실명 소식을 듣고 가슴이 칼로 베인 듯 아려 왔지만 그보다 더 심한 고통이 뒤이어 기다리고 있었다. 두 달이 채 지나기도 전에 비강 부위에 종양이 있다는 청천벽력 같은 소식을 듣게 되었고 길면 3개월이라는 시한부 삶을 선고받은 것이다. 모든 일이 정신을 차릴 수 없을 정도로 순식간에 일어났다. 나이가 있는 탓에 그리 활발하지는 않았어도 전혀 아픈 기색이라고는 보이지 않던 아이에게 느닷없이 3개월의 시한부 삶이라니… 믿기지 않았다. 아니, 믿고 싶지 않았다.

거부하고 싶은 사실이라도 현실을 바꿀 수는 없는 법. 이슬이의 암 진단 결과를 받아들일 수밖에 없었고 쉽지 않은 선택이 기다리고 있었다. 치료를 해서라도 아이의 삶을 늘려 놓을 것인지, 아니면 하늘이 준 명이라 여기고 고통만 줄여주는 최소한의 치료만 해줄 것인지 선택해야만 했다. 쉽지 않은 결정이었지만 아직은 때가 아니라는 판단을 하고 방사선 치료를 시작했다. 하지만 암이라는 것이 완치되기 어려운 병이기에 방사선 치료를 해도 1년에서 2년 정도 생명이 연장될 뿐이라고 하니 이제는 서서히 이슬이와 헤어질 마음의 준비를 해야 할 것 같다.

이슬이와 헤어져야 한다는 생각을 할 때마다 내 가슴은 다듬이 방망이 두드리듯 마구 요동치곤 한다. 심장이 벌렁거리고 호흡이 가빠지기도 한다. 생각만으로도 머릿속이 하얘지고 눈물이 핑 돈다. 왜 그렇지 않겠는가? 비록 반려동물이지만 13년을 자식처럼 애지중지 키웠는데, 머리로는 언젠가 떠나갈 아이이므로 기쁜 마음으로 보내 주어야 한다고 생각하지만 마음은 아직 현실을 받아들이기 어려운가 보다. 떠나보낼 생각을 할 때마다 괜히 서러워져 감정이 울컥하곤 한다.

이슬이가 아프다 보니 많은 생각들이 머릿속을 떠다닌다. 어디서 들었는지 모르겠지만 그런 이야기가 있다. 사람이 죽어 이승 세계에서 저승 세계로 가려면 하늘까지 뻗어 있는 높은 계단을 올라 천국의 문을 통과해야 한단다. 그런데 하늘로 오르는 계단 앞에 이르면 살아생전에 기르던 반려동물이 마중 나와 기다리고 있다가 주인이 오면 반갑게 맞아준다고 한다. 저승 가는 길에 주인이 심심하지 않게 동반자가 되어 천국의 문으로 안내해 준다는 것이다. 살아서는 사람이 동물을 돌봐 주지만 죽어서는 동물이 사람을 돌봐 주는 셈이니 말 그대로 반려동물인 셈이다.

이 이야기를 떠올릴 때마다 난 어린아이가 되는 느낌이다. 아주 어린 시절에는 산타클로스의 존재를 믿지만 어느 순간엔가 산타클로스의 실체를 알게 된다. 하지만 산타클로스의 실체를 알고 난 후에도 한동안은 그것이 실재하는 존재라 믿고 싶은 마음이 남아 있다. 죽어서 반려동물이 마중 나온다는 이야기는 반려동물을 키우는 사람들의 슬픔을 덜어주기 위해 만들어낸 것이겠지만, 그래도 난 그 이야기를 믿고 싶다. 사실이라고 믿을 만큼 순진하지도 않고 어리숙하지도 않지만 그래도 사실이라고 우겨보고 싶다. 마치 어린아이가 된 심정으로 말이다.

이유는 간단하다. 이 세상에서의 헤어짐이 마지막이 아니길 바라는 마음 때문이다. 언제일지 모르겠지만 나 역시 이 세상을 떠나는 날이 올 것이다. 만일 이 이야기가 사실이 아니라면 이 세상에서 헤어지는 것으로 우리의 인연은 끝이 날 것이다. 이슬이가 이 세상을 떠나 하늘의 별이 되는 날, 우리의 인연도 완전히 끊어지고 말 것이다. 하지만 이 이야기의 내용대로 저승으로 가는 계단 앞에 이슬이가 마중 나와 있다면 이 세상의 인연이 끝난다 해도 내가 죽어 저승으로 가는 날, 우린 다시 만날 수 있을 것이다. 그러기에 그 이야기를 사실이라 여기면, 조금 더 시간이 흘러 이슬이와 이별할 순간이 찾아온다 해도 다시 만날 날을 기약하며 조금 더 편한 마음으로 헤어질 수 있을지 모른다. 보내고 싶지 않고, 보내기엔 너무 가슴 아프고 안타깝지만 조금 더 시간이 흘러 다시 만날 수 있다면 잠시의 이별은 받아들일 수 있지 않겠는가? 하지만 한 번의 헤어짐이 영영 이별이 된다면 그만큼 헤어짐의 슬픔도 깊어질 것만 같다. 비록 어린아이 같지만, 어쩌면 소녀 같은 감성일지도 모르지만, 난 죽어서 이슬이와 다시 만날 수 있음을 철석같이 믿고 싶다.

내 마음이
지치지
않기를

이슬이가 아프기 시작하면서 감당하기 어려울 정도로 돈이 많이 들어가고 있다. CT며 MRI며 방사선 치료까지 한두 푼으로 해결할 수 없는 것들뿐이다. 그래도 그것뿐이면 괜찮으련만 한 번 병원에 가면 몇십만 원은 기본이다. 보험이 적용되지 않아 치료비는 상상을 초월할 정도로 비싸다. 그러다 보니 통장 속의 돈이 눈에 띄게 푹푹 줄어든다. 앞으로도 얼마나 더 많은 돈이 들어갈지 모르겠다.

치료를 하던 어느 날인가, 췌장염 증세가 있는 이슬이를 반나절 맡겼는데 비용이 무려 40만 원 가까이 청구됐다. 갑자기 짜증이 치밀어 올랐다. 비데가 고장 난 지 이미 몇 달째고, 프린터의 토너가 바닥을 드러낸 지도 수개월째건만 돈 탓을 하며 손을 못 보고 있는데 불과 몇 시간 만에 이렇게 큰돈을 써야 한다는 데 알 수 없는 분노가 치솟았다. 이슬이에게 화를 낼 수가 없으니 끙끙 참을 수밖에 없었는데 그 상황이 또 다른 울분이 되어 돌아왔다.

돈뿐만 아니다. 집에 이슬이를 돌 봐줄 수 있는 사람이 마땅치 않다 보니 내 삶은 오로지 이슬이에게만 맞춰져 있다. 친구를 만나거나 가족 모임을 하는 건 생각도 못하고, 몇 시간의 짧은 외출조차 전전긍긍이다. 병이 깊어지면서 밤마다 잠을 자는 것도 힘들어한다. 덩달아 나도 잠을 설칠 때가 많아졌다. 경제적 활동을 접을 수 없어 강의를 하긴 하지만 먼 거리의 강의는 취소하기도 한다. 내 삶은 전혀 찾아볼 수 없고 모든 것들이 이슬이 위주로 돌아간다. 병간호에 겨우 2개월 정도의 짧은 시간이 지났을 뿐인데 벌써 지치는 느낌이다.

문득 이러다 다른 생각이 드는 건 아닐까 겁이 난다. 돈 때문에 이슬이의 치료를 중간에 포기하거나, 이슬이가 죽었을 때 더 이상 돈 들 일이 없을 테니 오히려 잘됐다고 생각할까 봐 두렵다. 병간호에서 벗어나 드디어 자유가 되었다며 슬며시 잘됐다는 생각이 들까 무섭다. 오랜 병에 효자 없다는 말이 있다. 부모가 아프면 자식들이 처음에는 지극정성으로 매달린다. 하지만 시간이 지날수록 서로 지쳐가고 그로 인해 감정의 상처를 입는 일도 빈번하게 일어난다. 결국 갈등의 골이 깊어지고 어서 현재 상황이 끝나길 바라게 된다. 그러다 아픈 사람이 죽으면 슬픈 마음과 함께 시원 섭섭한 마음도 든다. 어쩌면 떠나보내는 아픔보다는 고생이 끝난 시원함이 더 크게 느껴질지도 모른다.

어느 날 이슬이가 죽으면 그동안 나를 얽매고 있던 경제적, 시간적, 육체적 족쇄가 일순간에 풀리게 될 것이다. 순간적으로는 슬플지 모르지만 이슬이의 죽음으로 인해 되찾게 될 모든 자유가 속 시원하게 느껴질지도 모른다. 그러면 그 순간에 난 이슬이의 죽음을 다행이라 여길지 모를 일이다. 난 그게 두렵다. 이슬이는 내게 자식 같은 존재이고 더할 수 없이 소중한 존재이건만 그 뒤치다꺼리에 지쳐 죽음을 시원하게 여긴다면 그것만큼 가슴 아픈 일이 어디 있으랴.

이슬이의 치료가 제대로 잘 마무리될지, 치료가 끝나면 다시 건강해질 수 있을지, 이미 만 열세 살이 넘어 제법 나이가 있으니 또 다른 병으로 아프지나 않을지, 무엇 하나 확실한 것이 없다. 하지만 바라건대 지치지 않았으면 좋겠다. 비록 이슬이로 인해 경제적으로 힘들고 나의 행동이 자유롭지 못해도 이슬이를 원망하고, 이슬이가 어서 떠나가기를 바라지 않았으면 좋겠다. 될 대로 되라며 운명에 맡기고 포기하지 않았으면 좋겠다. 할 수 있는 만큼은 끝까지 최선을 다했으면 좋겠다. 적어도 이슬이는 건강했을 때만은 내게 말로 할 수 없는 웃음과 즐거움을 주었으니 말이다. 겨우 돈 몇 푼, 불편함 몇 가지 때문에 그동안 이슬이가 내게 준 행복을 헌신짝처럼 차버리는 일은 없길 희망한다.

부디…

덧붙이는 글. 안타깝게도 이슬이는 방사선 치료가 실패로 끝나면서 2019년 12월 7일 새벽 2시 30분에 무지개다리를 건넜다. 내 마음을 읽었는지 이슬이는 내가 지치기 전에 하늘나라로 여행을 떠났다. 이슬이가 부디 극락세계에서 영원한 안식을 누리길 바라는 마음으로 매일 아침 108배를 올리고 있다. 내가 세상을 떠나는 날 천국으로 오르는 계단 앞에서 이슬이를 다시 만날 수 있길 간절히 바란다. 꽃보다 예뻤던 이슬. 부디 아픔 없는 곳에서 편히 쉬길…

지금 내가
서 있는 자리를
받아들이기

어느 날 갑자기 생각지도 않게 회사를 그만둔 후 경제적으로 꽤나 큰 손실을 입었다. 임원으로서 받을 수 있는 적지 않은 연봉과 꽤 두둑한 퇴직금, 경제활동을 못하면서 가만히 앉아서 까먹게 된 저축, 아이들의 학자금과 각종 기회비용 등 손실은 생각보다 컸다.

같은 회사에 있던 후배들이 속속 임원으로 진급했다는 소식들이 들려왔다. 힘들고 어려워도 꾹 참고 회사를 다녔다면 나 역시 몇 년 전에 이미 임원이 되었을 텐데, 쓸 데 없이 서둘러 회사를 옮기는 바람에 기회를 놓쳤다고 생각하니 그들이 부럽다는 생각이 들었다.

사회적으로도, 경제적으로도 난 지금 먼 길을 돌아가고 있다. 장애물을 이겨내고 꾸준히 인내심을 발휘했다면 지금쯤은 사회적으로 존경받는 위치에서 안정적으로 경제적 수입을 창출할 수 있으련만 섣부른 조바심이 먼 길을 돌아가게 만들고 만 것이다.

하지만 난 지금 내가 돌아가는 길이 후회스럽지 않다. 비록 지름길을 놔두고 에둘러 먼 길을 빙 둘러가는 어리석음에 자책할 때도 있긴 하지만 가급적이면 후회하지 않으려고 한다. 후회해봐야 달라지는 것은 없기에. 후회한다고 해서 그때로 돌아갈 수도 없을뿐더러, 지나간 과거를 붙잡고 후회하는 것만큼 어리석은 짓도 없기에.

대신에 난 이렇게 스스로를 위로한다. 지금 난 꿈을 향해 도전하는 중이라고. 베스트셀러 작가가 되는 꿈, 스테디셀러 작가가 되는 꿈, 누군가에게 삶의 용기와 희망을 심어줄 수 있는 책을 내는 꿈, 그 꿈을 이루기 위해 한 걸음씩 꾸준히 걷는 중이라고. 만일 내가 회사를 다니고 있다면 과연 그 꿈을 이룰 수 있을까? 만일 내가 직장생활을 계속했다면 열 권이나 되는 책을 쓸 수 있었을까? 아마도 그렇지 못했을 가능성이 더 크다. 그런 면에서 난 나의 꿈을 향해 걸어가는 이 길이 즐겁다. 비록 멀리 돌아가더라도 말이다.

회사를 다닐 때 나보다 경제적으로 성공한 사람들, 회사를 다닐 때 내

뒤에 있었지만 지금은 나를 앞질러간 사람들. 그들은 과연 자신의 꿈을 향해 가는 것일까? 자신의 꿈 따위는 없이 누군가 내가 아닌 다른 사람을 위해 자신의 삶을 희생하는 것은 아닐까? 자신의 꿈을 포기하는 대가로 높은 연봉과 지위를 보상받는 것은 아닐까?

비록 경제적으로 조금 못하고, 비록 원하는 기업에서 임원이 되지는 못했지만, 그것이 내게 새로운 꿈을 심어주고 그 꿈을 향해 달려갈 수 있는 기회를 준 것 같아 난 지난날의 내 선택을 후회하지 않는다. 어차피 직장생활은 할 만큼 했고 누군가를 위해 나의 삶을 희생하는 일도 충분히 했기에 이제는 내가 하고 싶은 일을 하며 살고 싶다. 가끔 후배들의 진급 소식이 들려올 때마다 살짝 움츠러들곤 하지만, 난 꿈을 향해 돌아가는 이 길이 즐겁다.

제3장

"다시, 어떻게 살아가야
할 것인가를 생각한다"

다 가 오 는   변 화 를   인 정 할   시 간

Get better with Age

젊지도 늙지도 않은 나이, 쉰
가정과 직장, 의무와 책임이라는
질수록 무거운 짐을 짊어지고 정상을 향해 그저 오르던 시기를 지나
이제는 하나씩 벗어던지며 내려갈 채비를 하는 나이.
다시, 어떻게 살아가야 할 것인가를 생각한다.

인덕(人德)은
타고나는 게 아니라
만들어가는 것

졸업한 지 30년이 지나 우연히 고등학교 친구 한 명을 알게 되었다. 학교에 다닐 때는 교류가 전혀 없던 친구였다. 조용히 앉아 공부만 하는 모범생이었던 나에 반해 그 친구는 학창 시절 학교를 가는 날보다 빼먹는 날이 더 많았다고 했다. 자신은 삶의 자유와 의미를 찾기 위한 몸부림이었다고 하지만 일반적인 사람들의 시선에는 탈선을 밥 먹듯 하는 불량 학생으로 보였을 것이다. 아마도 학창 시절이었거나 조금 더 젊었다면 사는 방식이 달랐던 그 친구와 같이 어울리는 일은 없었을지도 모른다. 하지만 나이 들어가는 입장에서 굳이 어린 시절의 행태를 들춰내 거리를 둘 필요는 없었다. 어쩌면 틀에 박힌 채 다른 사람이 시키는 대로 살아왔던 나의 삶보다 그의 삶이 더 가치 있을지도 모르겠다는 생각도 들었다. 그러기에 그와 편견 없이 어울리곤 했다. 주로 동문회 등의 공식적인 모임에서만 얼굴을 볼 뿐이었지만 가끔은 같은 지역에 거주하는 친구들끼리의 술자리에도 그 친구를 초대했다.

그러던 어느 날 술자리에서 심각한 일이 벌어졌다. 그날도 친구들과의 모임에 그 친구가 끼어 있었다. 시간이 지나면서 취기가 오른 그 친구가 스스로의 감정을 제어하지 못한 탓에 다른 테이블에 앉아 있는 사람들과 시비가 붙었다. 순식간에 분위기가 험악해져서 자칫 잘못했으면 대형 사고로 번질 뻔한 일촉즉발의 상황이 되었다. 멱살을 잡다시피 그 친구를 끌어다 자리에 앉히고 상대방에게 백배사죄한 후에야 사태가 겨우 수습되었다. 만일 나서서 말리는 사람이 없었다면 누군가 크게 다쳤을 것이고 일행이었다는 죄로 경찰서 신세를 질 수도 있었다. 살면서 처음 당해본 두려운 상황인지라 심장이 벌렁거리고 손이 오들오들 떨려왔지만 그 친구는 그런 상황이 잦았던 듯 맥주 한 잔 들이켜고는 홀연히 사라져 버렸다.

다음 날, 그 친구에게 전날의 상황이 아주 불편했고 불쾌했으니 앞으로 그런 일이 생기지 않게 조심해 달라고 정중히 부탁했다. 그러자 이 친구가 대뜸 고맙다는 말을 전해왔다. 자신은 평생 '지지리 인덕도 없이' 살아왔는데 충고하고 조언해 주는 친구가 있어 고맙다는 것이다.

인덕 없다는 친구의 그 한마디가 내 귀에 화살처럼 와 박혔다. 인덕이 없다니, 술에 취해 친구들을 위험한 상황으로 몰아넣는 것을 아무렇지도 않게 여기면서 인덕 없이 살았다는 것이 말이 되나 싶었다. 그 어떤 사람도 그런 상황을 좋아할 리 없으니 말이다. 인덕 없다는 그의 말이 자신의 잘못은 돌아보지 못하고 주위 사람들만 탓하는 변명처럼 들렸다.

———ㅐ——ㅐ——ㅐ———

평생 지지리 인덕도 없이 지냈다는 친구의 이야기를 들으면서 마치 내 속마음을 들킨 것 같아 움찔하지 않을 수 없었다. 비록 친구에게 입바른 조언을 하긴 했지만 내 마음속에는 늘 사람에 대한 불만이 도사리고 있었다. 나 역시 '난 왜 이리 인덕이 없을까?' 하는 한탄을 자주 하곤 했다. 왜 내 주위에는 좋은 사람이 없을까? 왜 내 주위에는 날 끌어주는 사람이 없을까? 왜 내 주위에는 날 도와주는 사람이 없을까? 왜 내 주위에는 날 힘들게 하는 사람들만 있을까? 그러한 생각이 늘 내 머릿속을 떠나지 않았다.

돌아보면 난 언제나 힘들었던 것 같다. 대학을 갈 때도, 취업을 할 때도, 미국 유학을 갈 때도, 어느 정도 경력이 쌓여 이직을 할 때도, 어느 날 갑자기 회사를 그만두고 경제적 절벽 앞에 선 백수가 되었을 때도, 그리고 열 권의 책을 내는 동안에도, 그 어느 한순간도 마음먹은 대로 쉽게 일이 이루어진 경우가 거의 없었다. 주위를 둘러보면 쉽게 직장을 옮기고, 쉽게 돈을 모으고, 쉽게 임원이 되고, 쉽게 사람들과 가까워지는 등 모든 일을 쉽게 풀어가는 사람들이 태반이건만 나는 늘 힘들어서 지쳐 쓰러질 때쯤 되어서야 희미하게 출구가 보이곤 했다. 그러다 보니 자연히 내 머릿속에서는 '인덕 없다, 지지리 인복도 없다'는 생각이 떠나질 않게 되었다. 잘 되는 사람들의 주위에는 늘 누군가 도움을 주는 사람들이 있었고 그들과 비교해서 난 그런 사람들이 보이질 않았기 때문이었다.

그런데 친구의 행동을 보면서 인덕 없음이 자연스럽게 여겨진 것처럼 나 역시 내 행동이 인덕 없도록 행동했던 건 아닌가 하는 깨달음이 섬광처럼 스치고 지나갔다. 돌아보면 난 사람들에게 그리 편한 존재가 되지 못했던 것 같다. 만성적인 수면장애로 인해 늘 신경이 곤두서 있고 까칠했으며, 조울증마저 있어 사람들을 불안하게 만들었고, 부정적인 성격 탓에 주위 사람들을 불편하게 만들었다. 좋은 사람들과의 만남도 자주 있었지만 변덕 심한 내 성격 탓에 그들과의 관계도 오래 지속될 수 없었다. '모 아니면 도'라는 생각 때문에 나와 성격이 맞지 않는 사람들은 칼같이 관계를 끊어 버리기도 했다. 늘 내 입장에서만 생각하고, 늘 내 편리만 주장하고, 늘 내 주장만 옳다고 여겼고, 조금의 흐트러진 모습도 용서하려고 하지 않았다. 그

라다 보니 늘 내 주위에는 사람이 없었고 나이가 들어갈수록 삶의 무게를 나눌 사람들이 부족하다는 느낌이 들었다.

그럼에도 불구하고 내가 지금까지 큰 어려움 없이 버텨올 수 있었던 것은 어쩌면 주위 사람들의 도움 때문일지도 모른다. 대학에 들어갈 때도, 취업을 할 때도, 미국 유학을 갈 때도, 이직을 할 때도, 갑작스럽게 경제적 절벽 앞에 내몰렸을 때도, 그리고 열 권의 책을 출판할 때도 따지고 보면 늘 나를 도와준 사람들이 있었다. 그들의 도움 없이는 그 모든 일을 결코 이루지 못했을지 모른다. 그들이 새로운 기회의 문을 열어 주지 않았다면 난 아직도 갇힌 방 안에서 홀로 좌절과 두려움에 떨고 있을지도 모른다.

물론 나 자신이 힘들게 살아온 것도 부인할 수 없는 사실이지만 내가 지쳐 쓰러졌을 때 내게 손을 내밀어 일으켜 준 사람들이 없었다면 지금의 내 자리가 있었을까? 그들 없이 내가 이룬 일들이 가능했을까? 비록 보잘것없이 작더라도 내가 얻은 모든 성과들이 100퍼센트 나 혼자만의 노력에 의해 만들어진 것이라고 할 수 있을까? 비록 내 노력이 90퍼센트였다고 해도 나머지 10퍼센트를 채워준 사람들이 없었다면 지금의 나는 존재하지 않았을 수도 있다. 그렇다면 내게 인덕이 없는 것이 아니라 내게 주어진 인덕을 깨닫지 못하고 지키지 못했던 것이 아닐까?

친구와의 일을 통해 나의 내면세계를 들여다보며 비로소 알게 되었다. 인덕은 타고난 환경에 의해 저절로 주어지는 것이 아니라 내가 만들어 나가는 것이라는 것을. 내가 인덕이 없다고 느낀 건 실제로 인덕이 없었던 것이 아니라 내가 잘못 살아왔기 때문이라는 것을. 내가 그들에게 인덕을 베풀지 못했기 때문이라는 것을. 분명 내 주위에 좋은 사람, 진실한 사람, 날 도와줄 수 있는 사람, 내게 힘이 되어줄 사람이 있었건만, 내가 그들을 힘들게 했거나 그들이 내 곁에 남아있지 못하도록 지치게 만들었을 수도 있음을. 아니면 내가 제풀에 지쳐, 아니면 하찮은 변덕 때문에 그 사람들을 떠나왔는지도 모를 일이다. 지난날의 내 행동거지를 곰곰이 되돌아본다. 나는 그 사람들에게 덕을 베풀어준 존재였는지 말이다.

다른 사람의
마음을 읽을 수 있다면
행복할까

우연한 기회에 〈사토라레〉라는 일본 영화를 보게 되었다. 주인공이 머릿속으로 하는 생각이, 다른 사람들의 귀에 마치 말을 하는 것처럼 선명하게 들림으로 해서 벌어지는 일들을 다룬 영화다. 만화를 바탕으로 만들었다고 하는데 기발하고 신선한 소재에 끌려 꽤 흥미롭게 보았다. 주인공은 갓난아기 때 비행기 사고로 부모를 잃고 홀로 살아남아 할머니의 손에서 자란다. 실력 있는 의사가 되었음에도 불구하고 머릿속의 생각이 다른 사람의 귀에 들릴 것이라는 우려 때문에 수술을 배정받지 못한다. '이미 늦었어', '이 환자는 수술해도 가망이 없겠어', '도대체 이 지경이 될 때까지 뭘 한 거지?'처럼, 수술하면서 주인공이 생각하는 모든 것이 환자와 가족들에게 들릴 것이 분명하니 말이다. 게다가 주인공은 제대로 된 연애조차 못해 봤다. 두 사람만 알고 있어야 할 비밀스러운 일조차 주위 사람들이 알게 되면 창피하고 망신스러울 수 있으므로 모든 여자가 남자 주인공과의 교제를 꺼리기 때문이다. 좋아하는 마음이 있어도 여자들은 그를 피하고, 사귈 생각조차 못한다. 주인공은 사토라레라는 특별한 존재로 정부 차원에서 관리를 받으며 모든 사람이 그에게 각별한 신경을 쓰지만, 정작 그는 자신의 생각이 사람들에게 들린다는 사실을 알지 못한다.

영화를 보는 동안 내 생각을 다른 사람들이 읽는다는 것은 꽤 불편한 일이겠다는 생각이 들었다. 나만의 비밀 같은 것은 있을 수 없을 것이고 어쩌면 사람들 앞에 완전히 발가벗고 서 있는 느낌이 들 테니 말이다. 문득 사토라레 주인공의 경우와 반대로, 나 혼자서만 다른 사람들의 생각을 읽을 수 있다면 어떨까 하는 의문이 들었다. 만일 내가 다른 사람의 마음을 읽을 수 있다면 나에게는 어떤 일들이 벌어질까? 나의 삶은 즐거워질까, 아니면 슬퍼질까?

다행인지 불행인지 모르겠지만 인간에게는 다른 사람의 마음을 읽을 수 있는 재능이 없다. 그건 애초부터 인간에게 허락되지 않은 능력이다. 그럼에도 불구하고 우리는 종종 다른 사람의 마음을 읽고 싶어 한다. 사귀는 사람이 정말 나를 좋아하는 걸까? 호의적으로 끝난 비즈니스 미팅에서 상대방은 나에 대해 어떻게 생각할까? 늘 내게 잘 대해주지만 이상하게 가까워지지 않는 그 사람은 나에 대해 어떤 생각을 가지고 있을까? 평소 거리낌 없이 친하게 지내는 내 친구들은 정말로 날 좋아하는 걸까? 내가 이유 없이 투정을 부리고 난 후, 친구들 혹은 동료들은 나에 대해 어떤 생각을 가지게 될까?

사람들은 늘 다른 사람들의 속마음을 궁금해한다. 어쩌면 다른 사람의 마음을 읽고 싶어 하는 욕망은 인간의 본능적인 호기심일지도 모른다. 그래서 어떤 사람들은 주어진 재능이 없음에도 불구하고 종종 엉터리 독심술을 발휘하기도 한다. 혼자 상상하고, 혼자 머릿속으로 시나리오를 써내려 가기도 하고, 혼자 결론을 내리기도 한다. 안타깝게도 독심술을 행하는 경우 그 결과는 대체적으로 부정적으로 끝나는 경우가 많다. 친한 친구가 오늘 아침에 본체만체했다고 해보자. 그러면 그 일 때문에 하루 종일 생각에 잠기게 된다. 오만가지 생각을 하다가 며칠 전에 있었던 사소한 일이 떠오른다. 그 사소한 일을 오늘 아침에 일어난 일과 억지로 꿰어 맞추며 친구의 마음이 달라진 것이라 단정을 내린다. 그런 생각은 눈덩이처럼 커져 마침내 혼자만의 오해로 번진다. 그리고 그것이 계기가 되어 두 사람 사이의 관계도 시나브로 어색해지고 만다.

다른 사람의 마음을 읽을 수 있다면 가끔은 편리한 경우도 있겠지만 대체적으로는 편리한 일보다 불편하고 불쾌한 일들이 더 많을지도 모른다. 누군가 나를 좋아하고 호의적으로 생각한다면 문제가 되지 않겠지만, 다른 사람이 나를 싫어하거나 탐탁지 않게 여기고 있다는 것을 알게 된다면 자연히 그 사람과의 거리는 멀어지게 될 것이다. 나에게 늘 호의적으로 대하던 사람이 사실은 나를 질투하고 짓밟으려는 마음이 있다는 걸 알게 된다면, 그 사람과의 관계 역시 지속될 수 없을 것이다. 자신을 부정적으로 보는 사람에게 호감을 가질 정도의 아량을 품은 사람은 그리 많지 않으니까 말이다.

인간의 마음은 흔들리는 갈대와 다를 바 없다. 눈뜨고 의식하는 모든 순간이 한결같을 수는 없다. 아무리 뜨겁게 사랑하는 연인 사이라도 때로는 그 뜨거움이 식을 때도 있고, 아무리 자식을 사랑하는 부모라도 가끔은 자식에게 서운함이나 답답함을 느낄 수 있고, 아무리 친한 친구라도 때로는 마땅치 않게 여기는 순간이 있게 마련이다. 인간은 아주 이기적인 존재여서 아흔아홉 번의 잘해준 일보다 단 한 번의 섭섭한 일을 더 오래 기억하는 법이다. 내게 늘 호감을 가지고 다정하게 대하던 사람이 단 한 번 부정적인 생각을 할지라도, 그 순간 상대의 마음을 읽게 된다면 그것으로 인해 마음에 상처를 입을 것이 분명하다. 그래서 다른 사람의 마음을 읽었을 때 얻을 수 있는 득보다는 잃을 수 있는 실이 더 많을 것이다.

다른 사람의 마음을 읽는다는 것은 열어서는 안 되는 판도라의 상자를 여는 것이나 다를 바 없을 것이다. 아니, 오히려 판도라의 상자보다 더 좋지 않은 결과를 가져올지 모른다. 판도라의 상자는 희망이라는 선물은 남겨 두었지만, 다른 사람의 마음을 열어보는 것은 반대로 희망은 날아가고 온갖 해악만 남길 테니 말이다.

말은 독을 품고 있기도 하고 가시를 달고 있기도 하다. 우리는 살면서 누군가의 말 한마디 때문에 가슴에 상처를 입기도 하고, 상대방이 무심코 내뱉은 말 한마디 때문에 여러 날을 잠 못 이루며 괴로워하기도 한다. 다른 사람들의 마음을 읽을 수 있다면 나의 마음에는 다른 사람이 내뿜은 독과 가시로 인해 늘 아물지 않는 상처가 남아 있을 것이다. 어쩌면 그 상처가 덧나 삶에 회의를 느낄지도 모른다.

조물주가 인간에게 다른 사람의 마음을 읽을 수 없도록 만든 것은 그만한 의도가 있기 때문 아닐까? 어쩌면 인간에 대한 배려일지도 모른다. 애써 가지지 못한 재능을 발휘하여 다른 사람의 마음을 읽으려 하기보다는, 그래서 쓸데없이 삶의 한가운데로 불행을 끌어들이지 않으려면, 현재의 상황에 맞춰 자연스럽게 사는 것이 다른 사람으로 인해 마음을 베이지 않고 행복하게 사는 비결이리라.

편리와
바꾼
관계

인류 역사에 있어 스티브 잡스라는 이름은 인간의 삶을 획기적으로 바꾸어 놓은 위대한 사람으로 기록될 것이 틀림없다. 그가 만든 스마트폰으로 인해 이전의 삶과 이후의 삶의 모습이 완전히 달라졌으니 말이다. 스마트폰은 사람들의 삶을 더욱 편리하게 만든 전환점이자, 더 많은 사람이 네트워크를 통해 묶이는 계기가 되었다. 훗날 누군가는 인류의 삶을 스마트폰 이전과 이후로 비교할지도 모른다. 많은 사람이 그를 탁월한 사업가로 인정하고 그의 업적을 칭송하지만 유감스럽게도 난 그가 남긴 편리함을 칭찬하기보다는 그가 남긴 부작용에 안타까움을 표하고 싶다.

스티브 잡스가 만든 스마트폰으로 인해 인류의 생활방식은 송두리째 바

꿰었다. 지금까지 만들어진 수많은 발명품이 있지만 스마트폰은 21세기에 발명된 물건 중에서 단연 으뜸이 아닐까 한다. 언제 어디서나 인터넷 세상에 접속할 수 있게 되었고, 원하는 모든 것을 실시간으로 구현할 수 있게 되었으며, 수십 혹은 수백 가지의 기계들을 바리바리 싸 가지고 다녀야 하는 번거로움으로부터 한 방에 벗어날 수 있게 되었으니 이보다 더한 발명이 어디 있으랴. 그의 발명품으로 인해 인류의 삶은 말할 수 없이 편리해졌으니 그의 업적은 칭송받아 마땅할 것이다.

이처럼 그가 만든 스마트폰은 압도적인 편리함이라는 긍정적인 유산을 남겼다. 그런 반면, 그로 인해 생겨난 부정적인 것들도 헤아릴 수 없이 많다. 잠시라도 스마트폰이 없으면 불안함을 느끼고 안절부절못하는 것이나 스마트폰 게임 중독 등 파생되는 문제도 많다. 심지어 걷지도 못하는 어린아이들조차 스마트폰만 보면 얼굴에 웃음을 띠고 울음을 멈출 정도이니 그 문제의 심각성이 도를 넘었다고 여겨진다. 그러나 그 모든 것을 떠나 가장 큰 피해는 아마도 사회화의 단절이 아닐까 싶다.

———||——||——||——||———

인간은 사회적 동물이다. 사람들과의 관계를 떠나서는 살아갈 수 없다. 스마트폰이 등장하기 전까지만 해도 사람들은 시간이 날 때면 다른 사람들과의 관계를 떠올렸다. 스마트폰이 없던 시절에는 강의를 들으러 온 학습자들 간에 대화를 나누는 일이 많았다. 강의가 시작되길 기다리는 이른 아침 시간이나 강의 중간 휴식시간, 그리고 점심시간 등에 학습자들끼리의 담소가 이어졌고 그 담소를 통해 서로 간의 유대관계가 깊어졌다. 하지만 스마트폰이 등장한 이후로 그런 모습은 좀처럼 찾아볼 수 없게 되었다. 어색함을 달랠 가장 좋은 방법은 스마트폰을 들여다보는 것이다. 서로 대화를 나누는 대신 쉬는 시간이면 모두가 고개를 숙이고 스마트폰을 들여다본다. 대화가 단절되니 강의장의 분위기도 썰렁하다.

스마트폰은 심지어 가족들 간의 대화조차 단절시켜 버렸다. 예전에는 가족들끼리 외식을 하러 가면 기다리는 시간 동안 이런저런 대화를 나누곤 했다. 대화를 하기 위해 일부러 외식을 선택하는 경우도 있었다. 하지만 요즘의 풍경은 영 다르다. 가족끼리 식사를 하러 와서도 아무런 대화 없이 각자 스마트폰만 들여다보다가 말 한마디 나누지 않은 채 음식만 먹고 가버리는 사람들도 무척 많다. 옆에서 지켜보고 있노라면 저 사람들이 정말 가족이 맞나 싶을 정도다. 통탄할 일이 아닐 수 없다.

스마트폰의 보급으로 인해 인류의 삶은 점점 더 편리해지고 있지만 대화는 점점 더 단절되어 가고 있다. 기껏해야 온라인 상에서의 대화가 전부다. 그에 따라 사람들 사이의 관계도 더욱 각박해지고 있다. 낯선 사람과 대화를 나누는 일은 이제 거의 사라졌다. 스마트폰이 사람들을 점점 더 고립의 덫으로 몰아넣고 있다.

스티브 잡스는 살아생전 자신의 아이들에게는 스마트폰을 쓰지 못하도록 했다고 한다. 이 말이 사실인지 아니면 거짓인지는 모르겠다. 하지만 그가 지금 사람들이 스마트폰 쓰는 모습을 본다면 어떤 생각이 들까? 만약 그가 지금까지 살아 있어 자신이 만든 편리의 도구가 인간의 사회적 관계를 단절시키는 데 사용되고 있는 것을 보면 자신의 선택을 후회하지 않을까? 스마트폰은 사람들의 삶을 바꾸어 놓았지만, 편리의 정도가 증가하는 만큼 사람들과의 관계는 점점 단절되는 느낌이다. 우리는 편리와 관계를 맞바꾼 셈이다.

마음의
상처와
삶의 자유

나이가 든 탓인지 꽤 오래전부터 오른쪽 어깨가 말을 듣지 않았다. 처음에는 팔을 올리기 조금 불편한 정도였으나 시간이 지날수록 점점 더 통증이 심해졌다. 팔을 비틀어 등 뒤로 올리는 것은 아예 불가능했고, 심지어 왼쪽 어깨 위로 팔을 올리는 것조차 힘들었다. 어쩌다 지나가는 사람과 부딪치거나 잠자리에서 일어나기 위해 무의식적으로 침대 매트리스를 짚는 것만으로도 마치 망치로 있는 힘껏 어깨를 맞은 것 같은 극심한 통증에 시달렸다. 시간이 지나면 자연스럽게 좋아지겠거니 하고 지내다 보니 증상이 점점 더 악화되었고 더는 견딜 수 없다는 판단이 들었다. 치료를 위해 이곳저곳 병원을 전전했지만 다들 정확한 원인을 찾지 못했다. 몇 달을 허송세월한 후, 더 이상 시간을 낭비하는 것은 바보 같은 짓이다 싶어 하는 수 없이 수술을 하기로 했다. 십여 년 전에도 비슷한 증상으로 수술을 한 후 좋아진 경험이 있기에 고통스럽게 시간을 끌기보다는 차라리 수술로 짧은 시간 안에 문제를 해결하는 게 낫겠다는 판단이 들었다.

수술은 별 탈 없이 잘 끝났다. 신경을 누르고 있던 어깨의 뼈를 잘라내는 수술이었지만 그리 어렵지 않은 것이었다. 십여 년 전에도 유사한 수술 경험이 있었지만 그때에 비해 통증도 없었고 회복도 꽤 빨랐다. 하지만 수술 부위에 엄청나게 큰 피멍이 들어 있었다. 짙은 초록색 같기도 하고 검은색 같기도 한 멍이 흉측스럽게 보일 정도였다. 반면에 수술 전에 비해 거짓말처럼 팔을 움직이기가 수월해졌다. 한 마디로 팔의 자유도가 높아졌다. 비록 외형은 차마 눈 뜨고 볼 수 없을 정도로 멍투성이의 흉측스러운 몰골을 하고 있었으나, 이전에 비해 말할 수 없이 자유롭게 움직일 수 있는 팔을 보고 있자니 신기할 정도였다. 몇 달 정도 더 지나면 멍은 흔적 없이 사라지고 완전히 자유로워진 팔을 가질 수 있게 될 것이다.

시퍼렇게 멍든 팔을 바라보다가 문득 삶에 대해 생각해 보게 되었다. 인생은 최정상과 최저점 사이를 끊임없이 오르내리는 롤러코스터 같은 것이 아닐까 싶다. 최정상에 오를 때는 삶이 최고로 즐겁지만 최저점에 이르면 삶이 고통스러울 것이다. 살다 보면 기쁠 때도 있고 슬플 때도 있다. 기쁨은 삶에 흔적을 남기지 않지만 슬픔은 상처를 남기고, 상처가 난 자리에는 멍이 들게 마련이다. 속살이 드러날 정도로 깊은 발톱 자국을 남기기도 하고 며칠이면 잊을 수 있을 정도로 살짝 생채기를 남기기도 하지만, 한 평생을 살면서 가슴에 멍 한 번 들어보지 않은 사람은 없을 것이다. 다행스럽게도 모든 상처는 시간이 약이라는 말처럼 시간이 지나면 아물게 마련이다. 그리고 모든 상처는 그만큼 삶을 자유롭게 만들어준다.

몇 년 전, 잘 나가던 회사를 하루아침에 그만두고 꽤 오랜 기간 경제적 문제로 인해 힘이 들었다. 자존심에 회복할 수 없는 상처를 받기도 했고 무기력한 나 자신을 바라보며 분노를 느끼기도 했다. 다시 경제활동을 시작할 수 있을 때까지 1년 반 동안 내 가슴에는 무수히 많은 상처와 멍이 들었다. 산산이 부서진 자존심을 끌어안고서 울분을 참아야 했던 내 가슴 속을 들여다볼 수 있었다면 수술 자리에 남은 멍과는 비교할 수도 없이 깊고 큰 멍이 들어 있었을지 모른다. 그런데 시간이 지나고 상처가 아물고 나니 그 상처의 크기만큼 삶을 바라보는 시선도 넓어지고 깊어진 느낌이 든다. 그동안 보이지 않았던 것들이 보이기 시작하고, 마음의 상처를 이겨내는 과정에서 그동안 떨쳐버리지 못했던 모든 집착과 조바심, 욕심도 모두 사라진 듯한 느낌이 들었다. 상처 입기 전의 나에 비해 상처를 이겨내고 난 후의 나의 모습은 자신을 옭아매던 온갖 구속으로부터 훨씬 자유로워진 듯했다. 한층 더 성숙되고 깊어진 느낌이랄까?

이 글을 쓰는 동안 난 몹시 힘든 상태에 있다. 만으로 13년을 넘게 키워 온 이슬이를 떠나보내고 심각한 우울증과 무기력, 죄책감 등으로 인해 신경정신과 치료를 받고 있다. 이슬이의 병간호 때문에 자주 강의를 취소하면서 지금 몸담고 있는 직장에서도 더 이상 강의를 할 수 없게 되었다. 코로나로 인해 그나마 있던 강의들도 줄줄이 취소되면서 경제활동도 거의 멈추다시피 했다. 가정에서도 힘든 일들이 많다. 인생에 최저점이 있다면 바로 내가 지금 서 있는 자리가 아닐까 싶다. 세상에서 가장 힘들고, 가장 아픈 사람이 나 자신인 것 같다. 살아 있다는 것이, 살아 숨 쉰다는 것이 고통스러울 정도이고, 삶의 의욕도, 살아야 할 의미도 찾기 힘들다.

하지만 이겨내려고 한다. 비록 지금은 아프더라도, 그래서 마음에 상처를 입고 크나큰 멍이 들지라도, 그것을 이겨내고 나면 나의 삶이 한층 성숙되고 자유로워질 수 있으리라 믿기에. 나의 오른팔을 새까맣게 뒤덮고 있던 멍이 나의 팔을 자유롭게 만들어준 것처럼 말이다.

언어의
온도

오전 강의가 끝나고 같이 강의를 하는 동료들과 식사를 함께하기 위해 기다렸다. 그중 한 분의 강의가 늦게 끝나는 바람에 함께 식사를 하러 가기로 한 동료들이 꽤 오랜 시간을 기다려야만 했다. 오후 수업을 2시부터 시작해야 하는데 식당에 도착하니 1시 20분이 다 되었다. 다시 강의장으로 돌아와 오후 수업 준비를 하기에는 시간이 빠듯할 것 같아 강의를 늦게 끝낸 선생님에게 농담처럼 한 마디 했다.

　"선생님 때문에 쉴 시간도 없을 것 같아요."

　글로 써진 것만 읽으면 기분 나쁠 수 있으리라 여기겠지만, 당사자와 나는 서로 우호적인 사이였고 아무 의미 없이 농담처럼 한 얘기였기에 듣는 사람도 별로 기분 나쁘게 받아들이지 않았다. 그때 커뮤니케이션을 강의하던 다른 선생님이 한 마디 거들고 나섰다.

"'때문에'라고 얘기하지 말고 '위해서'라고 말씀해 보세요."

물론 그분 역시 뭔가 가르치기 위해서가 아니라 가볍게 농담처럼 한 말이었다. 순간 무언가 '쿵'하고 가슴을 울리는 것 같았다. 나 역시 리더십 강의를 할 때면 종종 부하직원들에게 '때문에'라고 말하지 말고 '덕분에'라고 말하라고 가르치지만 그런 가르침과는 달리 말을 내뱉었던 것이다. 옆에서 다른 선생님이 조언한 대로 말을 고쳐서 해보았다.

"○○ 선생님 때문에 이렇게 늦어졌네요" 라고 말하는 대신 "○○ 선생님을 위해서 이렇게 늦게까지 기다렸답니다"로.

확실히 다르게 느껴졌다. 전자는 상대에 대한 비난이고 상대방 입장에서는 기분이 나쁘거나 무안을 느낄 수 있지만, 후자는 상대에 대한 배려이고 상대방 입장에서는 고마움과 더 큰 미안함을 느낄 수 있을 것 같았다. 듣는 사람 입장이라면 이왕이면 후자가 훨씬 듣기 좋을 듯했다.

곰곰이 생각해 보면 이런 것이 바로 '언어의 온도' 아닐까 한다. 모든 말이 같아 보이지만 말에는 분명 따뜻한 말이 있고 차가운 말이 있다. 상대를 비난하고 그로 인해 감정을 상하게 만드는 말은 차가운 말이다. 반면 상대가 기분 좋게 받아들이면서도 스스로 미안함을 느낄 수 있는 말은 따뜻한 말이다. 말은 귀를 통해 가슴으로 전달되고 감정을 움직인다. 차가운 말은 듣는 사람에게 차가운 감정을 불러 일으키고 따뜻한 말은 듣는 사람에게 따뜻한 감정을 불러 일으킨다. 차가운 말은 상대와 나의 관계를 냉각시킬 수 있지만 따뜻한 말은 상대와 나의 관계를 부드럽게 만들어준다. 그동안 내가 했던 말들은 차가운 말이었을까, 따뜻한 말이었을까? 냉정하게 돌아보면 차가운 말들이 많았던 것 같다. 이왕이면 따뜻한 말을 많이 썼으면 좋았으련만. 그게 사람에 대한 배려일 테니 말이다.

———— ‖ —‖—‖ ————

커뮤니케이션을 잘해보겠다며 책을 읽기도 하고 강의를 듣기도 하는 사람이 많다. 하지만 정작 커뮤니케이션이 안 되는 이유를 나 자신에게서 찾기보다는 타인으로부터 찾으려 하는 경우가 태반이다. 커뮤니케이션이 잘 안 되는 이유를 상대방 탓으로 돌려버리는 것이다. 하지만 곰곰이 되돌아보면 커뮤니케이션이 안 되는 이유는 내가 내뱉는 말의 온도 때문일 수 있다. 내 입에서 나가는 말의 온도가 차가우면 아무리 커뮤니케이션 강의를 열심히 듣고 관련된 책을 열심히 읽는다 해도 커뮤니케이션의 질은 절대 좋아질 수 없다.

노자의 ≪도덕경≫에 이런 말이 나온다.

大道廢 有仁義 대도폐 유인의

사람이 지켜야 할 도리가 사라지니 사랑과 정의가 생겨나고,

慧智出 有大僞 혜지출유대위

지혜가 생겨나니 거짓도 생겨난다

六親不和 有孝慈 육친불화 유효자

부모 형제 자식 간의 관계가 화목하지 못하니 효도와 자애를 부르짓고

國家昏亂 有忠信 국가혼란 유충신

국가가 혼란하니 충성과 신뢰가 생겨난다

뒤집어 생각하면, 사람이 지켜야할 도리만 잘 지키면 사랑과 정의를 부르짓을 필요가 없고, 부모형제자식 간에 화목하게 지내면 효와 자애를 말할 필요가 없다는 얘기다. 이미 잘 된다면 굳이 그것에 관해 말할 필요가 없건만, 커뮤니케이션이 잘 안 되니 커뮤니케이션을 부르짓는 것이라 할 수 있다. 그리고 그 이유는 내 입에서 나가는 말의 온도 때문일지 모른다.

무관심 사회와
행복의
관계

2017년 겨울은 유난히 추웠다. 거의 모든 날들이 영하로 곤두박질쳤고, 어쩌다 길을 걸을 때면 걷는 것조차 고통스러운 일이 될 수 있다는 것을 깨달을 수 있을 정도로 매서운 한파가 몰아닥쳤다. 가릴 수 없어 드러내 놓은 얼굴 위로 칼바람이 송곳으로 찌르듯 날카로운 아픔을 남기고 사라졌다. 그렇게 지독한 추위가 몰려오던 어느 겨울날 일어난 일이다.

강의를 하기 위해 강의장이 있는 여의도 국회의사당 전철역을 나서는 데 나이 든 할머니 한 분이 전단지를 나누어 주고 계셨다. 조금만 서 있어도 온몸이 동태처럼 얼어붙을 것 같은 추위를 무릅쓰고 전단지를 나누어 주는 할머니의 모습이 멀리서도 안쓰러워 보였다. 모르긴 해도 전단지 한 장 나누어 주고 받는 수입은 땅에 떨어져 있어도 줍지 않을 정도로 작은 푼돈에 불과할 것이다. 그럼에도 불구하고 할머니는 제 자리를 벗어나지 않고 맡은 바 책임을 다하기 위해 꿋꿋하게 전단지를 나눠주고 있었다. 누구처럼 한 번에 서너 장씩 전단지를 나누어 주는 요령도 없이 정직하게 한 장 한 장 전단지를 나누어 주는 모습이 안타까울 정도였다.

에스컬레이터를 타고 입구에 다다르길 기다리는 동안 줄곧 할머니를 지켜봤지만 날씨가 추워서인지 누구도 손을 내밀어 전단지를 받으려고 하지 않았다. 대략 이삼십 번 시도하면 겨우 한 번 정도 받아줄까 하는 정도였다. 잠시라도 주머니에서 손을 빼는 것조차 고통스러울 정도로 날씨가 추웠기 때문일 것이다. 마치 날이 시퍼렇게 선 칼로 얼굴을 할퀴듯 찬바람이 몰아치건만, 한쪽 손에 두툼하게 쌓인 전단지는 도무지 줄어들 기미를 보이지 않았다. 할머니의 입장에서는 전단지를 다 돌리기 전에는 집에 돌아갈 수 없을 텐데, 내미는 손을 매몰차게 무시하고 걸어가는 사람들을 보고 있자니 마음이 아팠다. 손을 내밀어 전단지를 받았다. 마음 같아서는 손에 든 전단지를 모두 받고 싶었지만 한 장밖에 받을 수 없음이 안타까웠다.

아무런 관계도 없지만, 그날 할머니에 대한 기억은 꽤 오랫동안 내 머릿속에 남아 있었다. 전단지를 내미는 손을 무시하고 종종걸음을 걷는 사람들을 탓하고 싶지는 않다. 그 날 날씨는 말 그대로 살인적이었으니까. 그런데 만약, 그 전단지를 나누어 주는 사람이 내 어머니라면 어땠을까? 혹은 나의 이웃이나 내가 아는 주위 사람이었다면 어땠을까? 그래도 춥다는 핑계로 내민 손을 매몰차게 거절할 수 있을까? 걷기도 힘든 추위에 그 할머니는 춥지 않았을까? 오히려 움직이지도 못하고 한 자리에 선 채 전단지를 나누어 주자면 뼈 속 깊이 스며드는 한기를 느낄 텐데 말이다. 견딜 수 없이 춥고, 그래서 손을 꺼내는 것조차 귀찮아도 모두가 한 마음으로 손을 내밀어 전단지를 받아 주었다면 그 할머니는 조금이라도 더 빨리 따뜻한 온기가 있는 집으로 돌아갈 수 있지 않았을까? 무심하게 전단지를 거부하는 사람들을 보면서 우리 사회가 지나치게 무관심해졌다는 생각이 들었다. 한마디로 무관심 사회가 되고 만 것이다.

———ⵊ—ⵊ—ⵊ—ⵊ———

'지금 당신의 삶은 행복하십니까?'

누군가가 이렇게 묻는다면 자신 있게 '그렇다'라고 대답할 수 있는 사람들이 몇이나 될까? 우리나라 사람들의 삶의 만족도는 OECD 국가 중에 최하위 수준이라고 한다. 당장 끼니를 때울 것이 없어서 먹고사는 것이 최우선 순위였던 과거에 비해, 지금은 적어도 그런 걱정에서는 자유로워졌음에도 사람들이 느끼는 행복의 수준은 과거와 크게 달라지지 않은 것 같다. 오히려 과거에 비해 삶이 더욱 팍팍해졌다는 느낌마저 든다. 왜 그럴까? 아마도 다른 사람들에 대해 무관심해졌기 때문이 아닐까 싶다.

사회가 변하고 도시가 발달함에 따라 사람들의 소득 수준은 향상되었지만, 한편으로 우리는 개인의 삶을 안정적으로 꾸려 나가기에도 벅찬 상황으로 내몰리게 되었다. '내 코가 석자'라는 속담처럼 내 앞가림이 어려워지면 다른 사람들에 대한 관심은 자연히 줄어들 수밖에 없다. 진학에 대한 걱정, 취업에 대한 걱정, 경제적 안정에 대한 걱정, 고용의 불안에 대한 걱정, 노후에 대한 걱정 등 현대를 살아가는 사람들에게 걱정은 뫼비우스의 띠처럼 끊이지 않고 찾아온다. 끊이지 않는 자신에 대한 걱정거리가 다른 사람에 대한 관심을 잃게 만들었고 그것이 무관심 사회를 불러오지 않았나 싶다. 그리고 그러한 결과는 필연적으로 삶에 대한 만족감, 행복에 대한 체감효과를 가져왔을 것이다.

무관심은 타인에 대한 배려를 앗아간다. 배려는 사람에 대한 관심이 있을 때만 나타나게 돼 있다. 온갖 근심거리에 시달리는 사람들에게 곱은 손을 비벼가며 전단지를 나누어 주는 할머니는 관심 밖이다. 그러니 손을 내미는 배려가 따라올 수 없다. 번거롭고 수고스럽더라도, 비록 받자마자 쓰레기 통으로 직행할지라도, 살을 에는 듯한 칼바람을 이겨내며 힘들게 내미는 전단지를 한 장 받아주는 것이 누군가의 소중한 어머니 혹은 누군가의 이웃일 수 있는 그 할머니에게 도움이 될 수 있으리라는 생각을 누구도 하지 않는다. 삶은 갈수록 편리해지고 있지만 그에 비례하여 삶의 질은 더욱 팍팍해지는 것도 알고 보면 우리 스스로가 만든 결과물인지 모른다.

우리는 모두 행복을 꿈꾼다. 사는 동안 행복하게 살고 싶은 것은 누구나의 바람일 것이다. 하지만 우리는 행복을 꿈꾸면서도 정작 행복을 느낄 수 있는 사람에 대한 관심보다는 돈이나 성공과 같은 물질적 수단만 쫓는다. 행운이라는 이름의 네 잎 클로버를 찾느라 행복이라는 이름의 세 잎 클로버를 보지 못하고 지나치는 어리석은 꼴이다.

무관심 사회에서 벗어나 서로가 서로를 보듬고 아끼는 사회가 되었으면 좋겠다. 주위 사람들에게 관심을 가졌으면 좋겠다. 누군가가 힘겨워할 때, 그들에게 건네는 따뜻한 눈길 하나만으로도 그 사람은 힘을 낼 수 있다. 반대로 내가 힘들 때 누군가가 따뜻한 손길을 건넨다면 그것이 또 나를 일으켜 세워주는 힘이 될 수 있다. 타인에 대한 무관심으로 똘똘 뭉친 분위기에서 벗어나 서로 따뜻한 온기를 나누는 세상이 된다면 적어도 물질을 쫓는 것보다는 삶이 행복해질 수 있지 않을까.

사소한 탐욕들에
던지는
경고

지금 살고 있는 아파트로 이사 온 지 벌써 10년이 훌쩍 넘었다. 신도시가 건설될 당시 심어 두었던 조경용 나무들이 근 20년 동안 사람의 손이 닿지 않은 듯 3층에 위치한 우리 집 베란다 높이까지 자라 있었다. 봄이 되면 목련이며 벚꽃들이 풍성하고 화사하게 꽃을 피워 베란다에 의자를 놓고 앉아 커피 한 잔 마실라치면 마치 경치 좋은 야외 카페에 온 듯한 느낌이 들었다. 술을 마시지 않아도 꽃에 취해 정신이 몽롱해질 정도였고 한밤중에도 베란다에 불을 켜 놓은 듯 주위가 환했다.

그중에는 키가 큰 감나무도 있었는데 그 감나무 역시 베란다에서 손을 뻗기만 하면 닿을 듯 가까운 거리까지 자라 있었다. 가을이 되면 그 감나무에는 두 주먹을 합친 것만큼이나 큰 감들이 주렁주렁 매달리곤 했다. 굳이 따지 않아도 탐스럽게 열린 감을 바라보는 것만으로 마음이 풍족해지는 느낌이 들었다. 오며 가며 풍성하게 달린 감들을 바라볼 때면 흡족한 미소가 입가에 절로 번졌다. 그 감나무는 늘 무언가에 쫓기며 정신없이 살아온 삶에서 부족한 마음의 여유를 채워주는 위안 같은 존재였다.

그렇게 몇 해가 지난 어느 가을날, 베란다 바깥에서 큰 소리가 들리기 시작했다. 밖을 내다보니 탐스럽게 열린 감을 두고 언쟁이 벌어진 듯했다. 누군가가 그 감을 따가려고 했고 관리사무소에서는 그것을 못 따게 말리는 것 같았다. 자세한 정황을 알 수는 없으나 애초에 감을 따려던 사람이 지나치게 욕심을 부려 통념적으로 허용될 수 있는 수준의 양을 넘어선 것 같았다. 장비와 바구니까지 동원해서 말이다.

처음에는 말다툼으로 시작한 분쟁이 시간이 지나면서 격한 싸움으로 치달았다. 동네 사람과 관리사무소 직원 간의 말다툼으로 시작된 싸움에 자기도 햇빛을 가리는 걸 참으며 지내는데 왜 감을 송두리째 따가려고 하느냐며 2층 입주자가 끼어들었고, 모든 불편을 감수하고 있다며 감나무는 자신의 것이라며 1층 입주자까지 싸움에 끼어들었다. 커져버린 판 때문인지 갈수록 언성이 높아지더니 결국에는 몸싸움으로까지 번졌다. 한동안

고함 소리며 몸싸움을 하는 듯한 소리가 들리더니 어떻게 해결이 되었는지 다툼은 끝이 났다.

그 해 겨울, 바라보는 것만으로도 흡족한 미소를 머금게 하던 그 감나무는 사정없이 가지가 쳐내지고 말았다. 3층 높이까지 이르던 나무는 1층도 넘기지 못할 높이로 키가 꺾였고, 파마머리처럼 풍성했던 가지는 숱 빠진 머리처럼 횅하고 흉물스럽게 변했다. 손발이 잘린 감나무의 모습은 볼품없음을 넘어 황량하게까지 느껴졌다. 게다가 주위에 있던 목련과 벚꽃나무마저 덩달아 피해를 입고 말았다. 바로 손만 뻗으면 닿을 것 같았던 꽃나무 가지들이 한참을 내려봐야만 하는 키 작은 나무들로 변한 것이다. 지난가을의 일로 인해 아파트 관리사무소에서 분쟁의 소지를 원천 차단하고자 전지작업을 해버린 모양이었다.

흉물스럽게 변해버린 감나무를 보면서 마음이 아팠다. 적어도 20년 이상을 그 자리에서 자랐을 텐데 한 순간에 벌거벗겨지듯 온몸이 잘려 나가고 말았으니 얼마나 안타까운 일인가. 그 모든 것들이 인간의 지나친 탐욕으로 인한 결과라 생각하니 씁쓸하기만 했다. 애초부터 분쟁의 소지를 없애 버리겠다는 관리소 직원들의 짧은 생각도 문제지만, 그 분쟁의 책임을 인간의 탐욕에서 찾지 못하고 애꿎은 감나무에게 돌려버린 이기주의에 진저리가 났다. 서로가 조금만 양보하고, 서로가 조금만 투명하게, 서로가 조금만 배려했다면 감나무를 그렇게 무참히 잘라내지 않고도 이성적인 해결책을 찾을 수 있었을 텐데 그런 지혜를 발휘하지 못한 사람들의 어리석음이 한없이 원망스러웠다.

그때 잘려 나간 감나무는 충격을 받은 듯 이후로 한동안 심한 몸살을 앓았다. 제때 잎을 피워내지 못했고 이후로도 성장이 더디었다. 봄이 돌아오자 어김없이 새 잎이 돋아나긴 했지만 예전처럼 화려한 모습은 오데간데없이 사라지고 말았다. 변해버린 감나무의 모습이 너무나 초라해 보여 눈길을 주기조차 싫었다. 눈길이 갈 때마다 마음 한 편이 아려 왔기 때문이다. 더욱 심한 건, 그렇게 보기 좋고 풍성한 열매를 맺던 나무가 몇 년 동안 열매를 맺지 않았다는 것이다. 아마도 자신의 팔다리를 인정사정없이 잘라버린 인간들에게 치 떨리는 배신감을 느꼈는지도 모른다. 어쩌면 탐욕스러운 인간들에게 아낌없이 베푸는 자신의 마음을 나누어 주기 싫었는지도. 마치 감나무가 '너희 같이 욕심 많은 인간들은 내 열매를 가질 자격이 없다'라고 절규하는 듯했다. 그렇게 꽤 오랜 기간 감나무는 열매를 맺지 않았다.

그러던 작년 가을, 감나무 가지 사이로 꼭꼭 숨겨둔 주황색 열매 몇 개가 살짝 스치듯 보였다. 감나무의 앞이나 밑에서는 볼 수 없지만 우리 집

베란다에서 내려다보면 숨겨둔 열매가 슬쩍슬쩍 보이곤 한다. 이상한 것은 감이 겨우 네 개뿐이라는 것이다. 그것이 도대체 무엇을 의미하는 것일까? 마음이 없는 생명체이니 단순히 우연의 일치일 뿐일까? 아니면 상처 입은 감나무가 아직도 회복되지 않았음을 말해주는 것일까? 여전히 감나무는 인간들의 탐욕에 마음을 내어주고 싶지 않은 것일까? 어쩌면 감나무는 경고를 하고 싶었는지도 모르겠다. 욕심내면 아무것도 얻을 수 없다는 기본적인 사실을 말이다.

언품이
인품을
보여준다

동네 아파트 단지에 낯익은 외국인 남자가 하나 있다. 같은 아파트에 사는 것은 아니지만 이슬이와 함께 산책을 하는 동안 꽤 자주 마주친 데다 외국인이 별로 없는 동네인지라 쉽게 낯을 익힐 수 있었다. 예닐곱 살 그리고 다섯 살쯤 되어 보이는 여자아이 둘과 한 살 남짓 되어 보이는 어린 사내아이가 있는데, 아이들이 한국말을 꽤 잘하는 걸 보아 한국에 정착하여 사는 듯했다. 언젠가는 딸아이와 능숙한 한국말로 대화를 주고받는 것을 보며 슬며시 웃음 지었던 적도 있었다.

오늘도 이슬이와 산책을 마치고 돌아오는 길에 그 남자를 만났다. 평소와 달랐던 것은 그 남자의 옆에 낯선 두 여인이 있었다는 것인데, 한 사람은 한눈에 보아도 남자의 어머니라는 걸 알 수 있었다. 자세히 알 수는 없지만 독일어로 추정되는 언어를 쓰는 것으로 보아 유럽에서 온 듯 보였다. 그 뒤로 남자의 아내인 듯한 여자와 낯익은 아이들이 따르고 있었다. 아마도 남자의 모국에서 어머니가 다니러 와 가족끼리 잠깐 산책이라도 나가는 모양이었다.

남자의 가족들이 지나간 데서 그리 멀지 않은 곳에 세 명의 노파가 지친 다리를 쉬려는 듯 벤치에 앉아 있었다. 의도한 것은 아니지만 그들 중 한 노파의 말을 듣게 되었다.

"외국 사내들이 결혼한 한국 여자들은 죄다 처지고 선찮아."

남자의 아내인 한국인 여자를 두고 하는 말이라는 걸 단번에 눈치챌 수 있었다.

"뭔 말이야?"

일행 중 다른 한 노파가 무슨 말인지 못 알아듣겠다는 듯 되물었다. 그러자 처음 말을 꺼낸 노파가 덧붙였다.

"서양 사내들이 결혼한 한국 여자들 보면 죄다 나이 들고 못생겼더라고."

이후 누군가의 입에서 동조하는 말이 흘러나오고 그 서양 남자와 그의 아내에 대한 적나라한 품평이 이어졌다. 다행히 그 외국인 가족과의 거리가 꽤 멀었던 탓에 당사자들의 귀에는 들리지 않았겠지만, 노파들이 주고

받는 말은 험담 일색이었다. 그들의 말을 듣는 순간 난 너무 놀라서 반사적으로 양쪽을 번갈아 쳐다보았다. 노파들은 어림짐작으로 칠십 세 전후의 나이쯤, 적지 않은 시간을 살아온 것처럼 보였다. 그들은 내가 지나가는지, 그리고 내가 쳐다보는지도 모른 채 외국인 남자와 그의 아내를 헐뜯기에 여념이 없었다.

남자의 아내가 아이들의 연령에 비해 상대적으로 나이가 많아 보이기는 하였다. 게다가 상당히 마른 편에다 꾸미지 않아서 그런지 객관적으로 봐도 그리 예뻐 보이지는 않았다. 하지만 그것이 노파들로 하여금 남자와 그 아내를 이유 없이 싸잡아 비난하는 데 정당성을 부여하지는 않는다. 노파들이 무슨 자격으로 아무 관련도 없는 남자와 그의 아내를 헐뜯는단 말인가? 그들 앞을 지나며 난 불쾌감에 저절로 혀가 차졌다.

듣고 싶지 않아도 귓전을 울리는 그들의 이야기에 심기가 불편해졌다. 가급적 빨리 그들의 말소리가 들리지 않는 곳으로 벗어나려고 발걸음을 재촉하는데 산책 나온 다른 개를 만나게 되었다. 이슬이는 성격이 소심한 탓에 다른 개를 만나도 쉽게 접근하질 못한다. 마침 상대편 개도 그러한 성격을 가졌는지 두 녀석 모두 다가가지는 못하고 멀찍이 떨어진 채 서로 탐색전만 펼치며 시간을 보내고 있었다. 그렇게 잠시 시간을 보내는 사이, 어느새 다가왔는지 조금 전의 그 노파들이 지나가면서 한 마디 던졌다.

"붙어 봐라, 붙어 봐. 누가 이기나 보게."

순간적으로 너무 놀라 입이 떡 벌어졌다. 하마터면 그 노파들에게 한 마디 던질 뻔했지만 가까스로 충동을 눌러 참았다. 한 마디 해봐야 본전도 못 건질 것이 뻔했다.

그들이 지나간 자리에 멈춰 서서 일부러 시간의 틈을 두었다. 그들이 지나간 자리에서 악취가 진동하는 듯했다. 모처럼 환한 햇살이 내리쬐는 늦겨울 오후의 상큼한 정취를 그 불쾌한 냄새로 물들이고 싶지 않았다.

———‖——‖——‖——‖———

사람은 누구나 고유의 향을 지니고 있다. 그 향은 입을 통해 발산되기에 한 사람이 쓰는 말 습관을 보면 그 사람이 어떤 향을 가졌는지 알 수 있다. 입만 열면 거친 말과 욕을 쏟아내는 바람에 고약한 냄새가 진동하는 사람이 있는가 하면, 따뜻하고 편안한 말로 허브 같은 향을 발산하는 사람도 있다. 그들과 대화를 나누다 보면 그들의 가정 환경이나 성장 배경, 교육 수준이나 사고 수준, 그리고 가치관 등을 어렴풋이나마 짐작할 수 있다. 말에는 한 사람이 걸어온 삶이 고스란히 녹아 있어 애써 들여다보지 않아도 그 사람의 내면세계가 유리알처럼 투명하게 드러나 보인다. 그러니 입을 열 때마다 사람은 자신의 은밀한 내면세계를 드러내는 것이라고 할 수 있다.

　외국인 남자와 그 아내를 이유 없이 비난한 그 노파들의 경우, 필경 진정한 사랑을 해보지 못했음이 틀림없다. 이미 일흔 근방에 다다른 분들이니 자식이나 손주들도 많을 터였다. 그들에게 물으면 자기 자식, 자기 손주들을 끔찍이 사랑한다고 말할 것이다. 하지만 그들이 말하는 사랑은 껍데기일 뿐, 사랑의 진정한 가치를 이해하지 못하고 있음이 분명하다. 누군가를 진정으로 사랑하게 되면 외모는 그리 중요하지 않게 되는 법. 그보다는 내면의 아름다움이 더 크게 보일 수밖에 없다. 유럽이 고향인 남자가 머나먼 한국 땅까지 와서 가정을 이루고 살 정도라면 그들은 진정한 사랑을 하고 있음이 분명할 텐데 그것을 보지 못하고 오로지 외모로만 사람을 판단하고 있으니 얼마나 어리석은가. 노파들이 이해하는 사랑의 범주는 기껏해야 팔이 안으로 굽듯 자기와 가까운 사람들만 아끼고 귀하게 대하는 것임이 틀림없다. 70년 넘는 세월을 살면서도 사랑은 상대방이 가진 모든 단점을 뛰어넘어 포용할 수 있는 숭고한 아름다움임을 깨닫지 못한 그들이 측은하게 느껴졌다.

쓰는 말에 따라 그 사람의 인격이 달라 보이기도 하고 그 사람의 가치가 다르게 보이기도 한다. 배우지 못한 것은 중요하지 않다. 배움의 문제는 아니다. 교양을 따지는 것도 아니다. 먹고사는 게 고단하다 보니 배움 자체를 사치처럼 느끼는 사람도 있을 테니까. 하지만 어떤 사람들은 배우지 못했음에도 나이 들어가며 말이 순화되는가 하면, 어떤 사람은 나이 듦에도 불구하고 젊었을 때의 말 습관이 그대로 남아 있는 경우도 있다. 비록 젊었을 때는 젊음의 혈기로 거침없이 내뱉었던 말들도 삶의 나이테가 늘어날수록 더욱 많은 거름장치를 거쳐 입 밖으로 나와야 하는 것은 아닐까? 묵으면 묵을수록 자극적인 독소는 빠져나가고 깊은 맛이 나는 된장처럼, 나이가 들어갈수록 사람에 대한 배려와 인생의 깊은 맛이 우러나는 말 습관을 갖추어야 하는 것 아닐까? 나이 든 사람의 입에서 흘러나오는 거친 말처럼 보기 안 좋은 것도 없을 것이다.

문득 부끄러워졌다. 그리고 두려워졌다. 나 역시 오십이 넘는 나이를 살아오면서 누군가를 험담하기도 했고, 말로 사람들을 아프게 한 적이 한두 번이 아니건만 과연 그 노파들을 비난한 자격이 있는 걸까? 내가 내뱉은 말에서 그 노파들의 말만큼 고약한 냄새가 나지 않으리라 장담할 수 있을까? 내가 내뱉은 말의 가시에 찔려 피를 흘린 사람들도 많을 텐데, 늘 향기 나는 말만 써 왔다고 우길 수 있을까? 행여나 상처 주는 말을 했고, 그것이 진심이 아니라고 우긴다 한들, 내가 내뱉은 말들에 대한 면죄부가 될 수 있을까? 나이 들어가면서, 적어도 나의 입에서 나오는 말들은 나이가 부끄럽지 않은 것이어야 할 텐데 과연 난 내 나이에 걸맞은 말 그릇을 가지고 있는지 의문이다.

저 멀리 사라져 가는 노파들의 뒷모습을 바라보며 나의 언어 습관을 되돌아보았다. 인품은 언품에 의해 완성되거늘, 과연 사람들은 내가 내뱉는 말을 듣고 나의 인품을 어떻게 평가할까? 스스로를 돌아보며 한없이 부끄러워지는 하루였다.

미래를
내다볼 수 있다면
행복할까

일요일 오후, 친구의 상가에 조문을 가기 위해 같은 동네에 살고 있는 친구들이 한 차로 움직이게 되었다. 가는 길에 최근 개발이 끝난 신도시를 지나게 되었는데 다들 놀라움을 금치 못하며 한 마디씩 던졌다. 불과 10년 전만 해도 볼품없던 시골 변두리 땅이 이젠 금싸라기가 되었느니, 우리가 사는 도시의 땅값보다 훨씬 더 비쌀 것이라느니 하는 말들이 오갔다. 오십 대 아저씨들의 일상 대화가 그렇듯, 이야기는 꼬리에 꼬리를 물고 이어져 어디는 얼마나 올랐느니, 또 어디는 어떻게 되었느니 하는 이야기들이 반복되었다. 그러다가 마침내, 지지리도 돈 버는 재주 없는 사람들의 단골 레퍼토리인 '그때 땅을 사났어야 했는데...' 하는 후회의 말과 긴 한숨들이 쏟아져 나왔다. 이야기는 결국 더 이상 땅 얘기는 하지 말자는 자조 섞인 한탄으로 끝을 맺었다. 비록 유쾌한 웃음 속에 오간 대화였으나 뒷맛이 개운하지만은 않았다. 만일 우리가 되돌아보며 후회하던 그 모든 순간에 미래를 내다볼 수 있는 능력이 있었더라면 얼마나 좋을까? 그렇다면 내 삶은 분명 지금과 많이 달라져 있을 테니 말이다.

사는 게 답답할 때, 가끔은 미래를 내다볼 수 있는 능력이 있었으면 좋겠다는 생각이 든다. 몇 년이나 몇 달처럼 길게 갈 것도 없이, 단지 몇 시간만이라도 앞을 내다볼 수 있다면 편리한 점이 많을 것 같다. 주식시장에서 큰돈을 벌 수 있을 것이고, 로또에서 매번 1등에 당첨될 수도 있을 것이다. 자존심 상해가며 강자 앞에서 굽실거리지 않아도 큰돈을 벌 수 있고, 경제적 자유와 함께 인생의 자유도도 높아질 것이다. 자유도가 높아진 삶은 또 얼마나 살 만할 것인가?

속물 근성을 벗어던지지 못한지라 대부분은 돈에 관련된 상상이지만 어디 돈뿐이랴! 자신과 가족, 그리고 가까운 사람들에게 닥칠 미래의 위험을 준비하기에도 용이할지 모른다. 길을 걷던 중 공중에서 떨어진 알 수 없는 물체에 맞아 머리가 깨질 일도 없을 것이고, 욕실 바닥에서 미끄러져 팔을 부러뜨릴 일도 없을 것이며, 도로를 건너다 차에 치이거나, 운전을 하다 사고가 나서 허무하게 목숨을 잃는 안타까운 일들도 앞을 내다볼 수 있다면 충분히 피해 갈 수 있을 것이다.

사람들과의 관계는 또 어떤가? 일반적으로 사람들 사이의 다툼은 예상치 못한 사소한 것으로부터 비롯되는 경우가 많다. 생각 없이 툭 내뱉은 말, 다분히 장난으로 한 말이지만 의도와는 다르게 전달된 말 한마디로 인해 상대방의 기분이 상하고, 그로 인해 말다툼으로 번지는 경우가 많다. 때로는 감정이 격앙되어 살인이나 폭력 같은 끔찍한 결과나 이혼과 같은 돌이킬 수 없는 결과를 불러오기도 한다. 이것도 불과 몇 시간, 아니 딱 10분만이라도 앞을 내다볼 수 있다면 미리 조심할 수 있을 것이고 말실수로 인한 파탄은 막을 수 있지 않을까? 그러니 몇십 분이라도 앞을 내다볼 수 있다면 삶이 참 편안해질 것 같다.

이런 상상은 비단 나만의 어리석은 바람은 아닌 듯싶다. 해마다 신년운세를 보거나, 과학의 시대와는 어울리지 않게 점 집에 사람들이 몰리는 것을 보면 말이다. 사람이라면 누구나 나의 미래가 어떻게 펼쳐질지 궁금해한다. 만일 자신의 앞날을 내다볼 수 있는 거울이 있다면 아무리 비싸더라도 불타나게 팔리지 않을까 싶다.

그런데, 정말 자신의 미래를 내다볼 수 있으면 생각처럼 인생이 행복해질까? 지나고 보면 한때의 근심 걱정 모두 아무 일도 아니었던 것처럼, 미래를 내다볼 수 있다면 삶을 좀 더 여유 있고 너그럽게 살 수 있을 것 같기는 하다. 초조하거나 불안해할 필요도 없고 쫓기듯 살 필요도 없으니 말이다. 하지만 한편으로는 다른 생각도 든다. 겨우 10분일지라도 미래를 내다볼 수 있는 사람의 삶은 너무 싱겁지 않을까? 미래를 내다볼 수 있는 능력이 있다면 가장 먼저 떠올리는 것이 '돈'일 텐데, 특별히 노력하거나 힘들게 고생하지 않아도 원하는 재물을 손쉽게 얻을 수 있는 삶이 생각만큼 즐거울까?

원하는 것을 얻기 위해 일을 꾸미고, 그 일이 제대로 진행되도록 최선을 다해 노력하고, 두근거리는 마음으로 결과를 기다리는, 그 모든 즐거움이 사라져 버리지 않을까? 힘들게 고생해서 얻은 결과에 대한 성취감도, 자신에 대한 기특함이나 대견함도, 삶에 대한 뿌듯한 보람도 더운 여름날 태양빛에 노출된 솜사탕처럼 순식간에 사라져 버리지 않을까? 인생의 가장 큰 재미는 무언가 기대하지 못했던 보상이 어느 날 갑자기 짠 하고 펼쳐지는 순간에 있을 텐데 미래를 내다보는 삶에 그런 스펙터클한 재미 따위는 없을 듯싶다.

유발 하라리Yuval Harari는 역사상 모든 지점은 교차로라고 했다. 과거에서 현재로 밟아온 길은 하나의 갈래였지만, 여기에서부터 미래로는 무수히 많은 갈래의 길이 나 있다고 말이다. 그의 말처럼 선택할 수 있는 갈래의 길이 여럿 있음으로 인해 불안과 두려움, 그리고 후회를 느끼지만 반면에 그로 인해 미래에 대한 기대도 할 수 있게 되는 것 아닐까? 지나온 과거처럼 미래로 향하는 길도 하나뿐이라면 그 삶이 얼마나 단조롭고 지루할 것인가?

한편으로는 미래를 내다볼 수 있다면 떠안아야 하는 걱정과 근심거리도 늘지 않을까 싶다. 재미로 보는 점에서조차 점괘가 좋지 않게 나오면 늘 마음이 쓰이고 불안하게 마련이거늘, 100퍼센트의 확률로 내다볼 수 있는 미래에 좋지 못한 일이 생긴다면 오히려 더 많은 근심과 걱정을 떠안고 살게 될 것이다. 자신의 힘으로 막을 수 있는 일이라면 모르겠지만, 만일 그렇지 못한 일이라면 그 걱정의 무게를 어찌 감당하려고. '희망'이라는 신의 선물이 통째로 날아가는 것이나 다를 바 없을 텐데.

미래를 내다보는 것은 이래저래 근심을 안고 사는 것이다. 심리학자 류쉬안의 말을 빌리자면, 인생은 버그 섞인 코딩 프로그램과 같다. 침착하게 오류를 수정해 나가면 문제될 것이 없다는 뜻이다. 그런 이유로 조물주는 인간에게 미래를 내다볼 수 있는 능력을 부여하지 않았는지도 모른다. 인생의 재미를 위해서, 삶의 희로애락을 모두 경험하라는 의미에서 말이다. 인생은 바로 코 앞도 내다볼 수 없는 짙은 안갯속을 걷는 것과 같지만, 어쩌면 그래서 인생이 살아 볼 만한 것인지도 모르겠다. 어느 길을 걷느냐에 따라 보물을 주울 수도 있고 깊은 수렁에 빠질 수도 있으니 말이다. 그리고 그 모든 과정이 내 삶에 다른 사람과 다른 나만의 무늬를 그려낼 수 있는 기회가 아닐까 한다. 우리는 앞을 내다보지 못하는 탓에 오늘을 힘겹게 살아간다. 그러나 반대로, 앞을 내다보지 못하기에 미래는 오늘보다 나으리라는 희망을 선물받은 셈이다. 미래를 볼 수 있는 능력을 가지지 못함이 그리 억울한 일만은 아닐 듯싶다.

어른이 되어야만
알 수 있는
말

우리나라 말에는 참으로 오묘한 맛이 있다. 글자 그대로 해석하기보다는 반어적 혹은 은유적으로 해석되면서 글자 본연의 의미 대신, 보다 깊은 의미를 전달해주는 단어들이 있어서다. 그중 하나가 바로 '시원하다'는 말이다. 더위를 잊도록 해주거나 갈증을 해소시킨다는 의미로써 차가움을 나타내는 말이지만, 성인이라면 누구나 이해하다시피 '시원하다'는 꽤나 자주 다른 뜻으로 쓰인다.

어린 시절, 아버지와 같이 목욕탕의 뜨거운 탕 안으로 들어갈 때면 "시원하다"고 말씀하시는 걸 종종 볼 수 있었다. 뜨거운 매운탕 같은 음식을 드시면서도 "시원하다"는 말을 자주 하셨다. 어린 나는 아버지의 언어를 이해할 수 없었다. '뜨거운 탕 속에서 혹은 뜨거운 음식으로 인해 땀을 뻘뻘 흘리시면서 도대체 왜 시원하다고 하는 걸까?'하는 의문이 머릿속에서 떠나지 않았다. 아버지의 "시원하다"는 말을 믿고 뜨거운 탕 속으로 뛰어들었다가 기겁하고 배신감을 느꼈던 기억도 있다.

그랬던 나 역시 언제인가부터 "시원하다"는 말을 쓰게 되었다. 생각해보면 아마도 어른이 되어서부터였던 것 같다. 어른이 되어서야 비로소 "시원하다"의 사전적 의미 너머 오묘한 뉘앙스를 경험으로 이해하게 된 것이다. 술 마신 다음날 먹는 북엇국이 식도를 타고 위장으로 내려가면서 쓰린 속을 풀어줄 때면 자연스럽게 "시원하다"는 말이 튀어나왔다. 지치고 피곤한 몸을 뜨거운 물속에 담갔을 때, 전신을 타고 올라오는 노곤한 느낌과 물감이 풀리듯 탁 풀어지는 긴장감이 전해져 오면 입에서는 절로 "시원하다"는 말이 튀어나왔다. 입안은 뜨겁고 이마에서는 땀이 송골송골 새어 나오지만 말이다.

누가 가르쳐 준 것이 아님에도 불구하고 그렇게 시원하다는 느낌을 체험을 통해 깨닫게 되었다. 그 시원함이 육체적인 시원함이 아닌 정신적인 이완이라는 것도 깨달았다. 그렇게 "시원하다"는 말을 통해 난 성인의 정신세계로 들어섰다.

일생을 살면서 단계별로 이해할 수 있는 말들이 있는 듯하다. 결혼 전에는 "결혼하면 알 수 있다"는 말이 그렇고, 애를 낳기 전에는 "애를 키워보면 알 수 있다"는 말이 그렇다. 아마도 마지막 단계는 "너도 부모가 돼 보면 알 수 있다"는 말이지 않을까 싶다. 살면서 간혹 아이들에게 섭섭함을 느낄 때가 있다. 그때마다 입으로 드러내어 또는 속으로 아이들에게 한 마디씩 하곤 한다. "네가 부모가 돼 봐라" 하고. 돌이켜보면 나의 부모님도 내게 그렇지 않으셨을까? 결혼을 하고, 아이를 낳고, 그 아이들이 성인이 되어가면서 난 비로소 성인들의 언어를 완전히 이해할 수 있게 된 것 같다. 생각해보면 누군가의 말에 공감할 수 있게 될 때야 비로소 그 사람의 말을 진심으로 이해할 수 있게 되는 것 아닐까 싶다.

그럼에도 불구하고 지금껏 이해되지 않는 말도 있다. "너도 늙어봐라"라는 말은 아직도 제대로 마음에 와 닿지 않는다. 아직은 늙지 않았음일까? 난 아직도 그 말을 이해하지 못하겠다. 내가 생각하기에 그 말에는 늙은 사람을 섭섭하지 않게 대접해야 한다는 의미가 담겨 있는 듯하다. 뒤집어보면 나이만큼 대접받지 못하여 섭섭하다는 속뜻이 읽힌다. 대체로 고집스럽거나 이기주의적인 노인들이 쓰는 말이다. 같이 나이 든 사람이라고 해도 그런 말을 쓰는 사람이 있고 그렇지 않은 사람이 있다.

언어에는 사용하는 사람의 이해와 공감의 수준이 담겨 있다. 나이가 달라지면 사용하는 언어가 달라지듯, 나이를 먹을수록 이해와 공감의 수준도 달라져야 하기에, 누군가가 진정으로 어른이 되었는지 아닌지를 가늠하려면 외모가 아니라 그가 쓰는 말을 수준을 보아야 할 듯하다.

미래에도
부끄럽지
않게

4년 전 이야기다. 고등학교 졸업 30주년 기념 홈커밍을 준비하기 위해 30
년 만에 고등학교 3학년 시절 담임 선생님을 만났다. 그런데 제법 연세가
드셨으리란 내 예상과 달리, 30년 세월을 뭉텅 잘라낸 것처럼 선생님의 모
습은 생각보다 젊어 보였다. 아마도 학창 시절 어린 눈에는 선생님의 모습
이 실제보다 더 나이 들게 비쳤던 것이리라.

　식사를 하면서 서로 어떻게 살았는지 이런저런 이야기를 주고받았다. 선
생님은 선생이라는 소명을 가지고 열심히 살았다는 이야기를 들려주었다.
그렇게 두 시간 정도의 만남이 끝나고 그날 모임은 끝이 났다. 하지만 선생
님과 헤어지고 난 후, 내 가슴속에는 괜히 만났다는 후회와 가슴 한 구석

을 짓누르는 듯한 답답함이 사라지질 않았다. 다시는 그분을 만나지 않겠다고 다짐했다.

그 선생님은 나와의 인연을 기억할까? 고등학교 시절, 난 그리 눈에 띄는 학생은 아니었다. 상위권에 있긴 했지만 특출 나게 공부를 잘한 것도 아니고 그저 평범한 대학에 들어갈 수 있을 만한 성적이었다. 학력고사가 끝나고 대학 입학 원서를 쓰기 위해 선생님을 찾아갔다. 나는 공과대학을 가고 싶었지만 선생님은 내게 서울대 농대로 가라고 설득했다. 난 농대를 가고 싶은 생각은 전혀 없었다. 지금이야 농대도 특화된 커리큘럼으로 인해 선호하는 학과 중 하나이지만 당시만 해도 대학 중에 가장 서열이 낮은, 대학의 브랜드가 탐나서 가는 단과대학에 불과했다. 내가 생각했던 미래 중에 농업과 관련된 것은 없었기에 난 선생님의 제안을 거절했다.

그럼에도 불구하고 선생님은 줄기차게 농대를 권했고, 급기야는 "네가 알아서 해"라고 화내며 일어섰다. 당시만 해도 담임 선생님이 원서를 써주지 않으면 대학에 지원하기 힘들었다. 그런데 담임 선생님이 자리를 박차고 나가 버렸으니 나의 대학 지원 원서는 방향을 잃고 말았다. 옆 반 선생님의 도움을 받아 내가 지원하고 싶은 대학의 원서를 겨우겨우 받아들 수 있었다. 그때 화를 내며 자리를 박차고 떠나던 선생님의 모습은 선명하게 내 뇌리에 각인되어 있다. 그 이야기를 들려준다면 선생님은 무어라 변명하실까?

초등학교 6학년 때였다. 어디에서 났는지 몰라도 수업시간에 껌을 씹고 있었다. 그러다 담임 선생님의 눈에 띄었다. 선생님은 당장 껌을 뱉으라고 불호령 치며 내게 한 마디 던졌다. '얌전한 줄 알았더니 본성이 드러난다'는 것이었다. 그 말이 내게는 너무나 충격적이었다. 껌 하나 씹었다고 본성이 드러난다니, 내 본성이 어떤 것이기에? 그 순간 난, 비록 열세 살 어린 나이에 불과했지만 선생이란 직업에 너무나도 강한 환멸을 느꼈다.

첫 애가 의경이 되어 자대에 발령받은 지 얼마 지나지 않아 후임병들이 들어오기 시작했다. 운이 좋은 건지 불과 9개월 만에 부대에서 꽤 고참의 지위에 올랐다. 아이가 외출이나 외박으로 집에 오면 종종 묻곤 한다. 후임 병들에게 잘 대해 주냐고. 그러면 아이는 걱정 말라고 말하곤 한다. 아이는 그렇게 말을 하지만 부모 된 입장에서는 괜한 노파심이 들어 한 마디씩 덧붙인다. 후임병들에게 잘해 주라고. 그들도 사회에 나가면 너와 친구가 될 수 있는 아이들이니 먼 훗날 사회에 나가서 다시 만나도 부끄럽지 않게 행동하라고. 우연히 길을 가다가 만났을 때 진심으로 반가워할 수 있는 사이가 되도록 노력하라고.

사람들은 종종 어린 사람들이나 후배들에게 현재의 지위나 힘만 믿고 함부로 대하는 경우가 많다. 하지만 그들 중에 대통령이 될 사람도 있고,

장관이 될 사람도 있고, 국회의원이 될 사람도 있고, 기업의 사장이나 임원이 될 사람도 있을 것이다. 지금 자신보다 낮은 위치에 있는 사람들이 시간이 지난 후에 어떤 모습이 되어 있을지 아무도 모른다. 현재 나의 모습이 그들보다 낫다고 해서 그들을 함부로 대하다가, 막상 그들이 미래에 나보다 뛰어난 위치에 올라서면 어쩔 것인가? 그들이 그때의 일을 들춰내기라도 한다면 그 얼마나 부끄럽고 창피할 것인가?

부끄럽지 않게 행동해야 한다. 지금 높은 지위에 있는 사람은 갈수록 지위와 힘을 잃게 마련이지만 지금 낮은 위치에 있는 사람들은 시간이 지날수록 높은 위치로 올라가고 힘을 가지게 마련이다. 비록 지금은 나보다 힘이 없고 나보다 낮은 지위에 있을지라도 그 사람을 진정한 인간으로 부족함 없이 대한다면, 먼 훗날 입장이 역전되어 만나게 된다 해도 절대 부끄럽지 않을 것이다.

학교에서 학생들을 가르치는 선생님, 시기상으로 조금 앞서 고참이 된 병사들, 운이 좋아 선배가 된 학생들, 그리고 세상에 조금 일찍 태어났다는 이유로 회사의 선배가 된 직장인들. 모두 시간이 지나 그 사람을 다시 만났을 때 티끌만큼도 부끄럽지 않도록 행동한다면 사람 사이의 관계가 조금 더 매끄러워지지 않을까 싶다.

나이 든
꼰대와
젊은 꼰대

시대의 변화에 따라 언제나 새롭게 나타나는 세대가 있다. 오렌지 족도 있었고 X, Y, Z 세대도 있었으며, 다른 이름으로 불린 수많은 신세대가 혜성처럼 나타났다 사라졌다. 최근에는 90년대생이 새로운 세대로 등장하고 있다. 새로운 젊은 세대가 등장할 때마다 기성세대는 그들을 이해하기 어렵다고 입버릇처럼 말해왔지만, 지금의 신세대처럼 이해하기 어려운 세대도 없을 듯싶다. 집은 없어도 고급 차를 몰고 다니고, 어렵게 들어간 직장도 마음에 맞지 않으면 쉽사리 그만둔다. 퇴직금을 털어 몇 달씩 해외여행을 떠나는 등 자신에게는 거침없이 투자하지만, 다른 사람을 위해 희생하는 것은 극도로 싫어한다. 자유롭게 살고 싶어 하지만 자유를 얻기까지 인내

해야 한다는 것은 받아들이지 않으려 한다. 물론 예외가 있지만 대체적으로 그렇다. 참으로 독특하다. 이미 몇십 년 전에 젊음이 폐기된 낡은 사고방식으로는 그들의 내면세계를 이해하기가 불가능한 단계에 이르러 버렸다.

한편 신세대들은 자신들을 이해하지 못하는 기성세대를 향해 '꼰대'라는 말을 서슴지 않는다. 다 그런 것은 아니지만 대체로 '나이 든 사람들=꼰대'라는 색안경을 끼고 바라보는 듯하다. 더 나이가 든 사람들을 향해서는 '틀딱'이라는 비하 섞인 호칭을 하는 경우도 있다.

나이 들면서 듣고 싶지 않은 말들이 많이 있지만 아마도 가장 싫은 말 중 하나가 '꼰대'가 아닐까 싶다. 하지만 나이 든 사람들이 젊은 사람들을 이해하지 못하겠다고 하는 것처럼, 신세대들이 나이 든 사람들을 향해 꼰대라고 표현하는 것도 어쩌면 피할 수 없는 당연함일지도 모른다. 정도의 차이는 있겠지만 내가 젊은 시절에도 나이 든 사람들을 꼰대라고 불렀고, 시대가 변하고 세대가 반복되어도 그러한 행태는 변하지 않았으니 말이다.

젊은 사람들이 나이 든 사람들을 꼰대로 보는 이유는 기성세대가 그들이 살아온 방식대로 자신들을 끼워 맞추려 하거나, 과거 자신의 경험을 바탕으로 잔소리를 늘어놓거나, 경험이 부족하다는 것을 근거로 자신들을 무시하거나, 하고 싶지 않은 일들을 일방적으로 시키는 등 때문일 것이다. 사람의 유전자가 모두 다르듯 타고난 기질과 자라난 환경이 다름에도 불구하고 상대의 입장에서 생각하고 배려하지 못한 채 그들의 잘못을 지적하고 사사건건 가르치며 통제하려 한다면 그 누구도 달가워하지 않을 것이다. "내가 젊었을 때는 말이야"로 시작해서 일장 훈시를 늘어놓거나, "내가 해봐서 아는데"라면서 경험 없음을 타박하거나, "요즘 애들은 말이야"로 시작해서 싸잡아 비난을 늘어놓으면 그걸 마음 편하게 받아들일 사람이 어디 있겠는가. 나이 든 사람들이 달라지지 않으니 젊은 사람들이 꼰대라는 말을 하는 것도 어쩌면 당연한 일인지 모르겠다.

———||——||——||——

그런데 기성세대를 향해 꼰대라는 프레임을 씌우는 그들은 스스로 꼰대가 아니라 자신할 수 있을까? 놀랍게도 나이 든 사람들을 꼰대라 부르는 젊은 사람들도 똑같은 행동을 자신의 후배 또는 자신보다 어린 사람들에게 하는 것을 어렵지 않게 보곤 한다. 학교 후배들을 대상으로 군대에서 하듯 얼차려를 시키거나, 모꼬지에 가지 않으면 수강 인정이 안된다며 강짜를 부리거나, 자신보다 어린 친구들을 무시하고 함부로 대하는 등 젊은 사람들이 하는 행동 중 상당수가 기성세대의 그것과 너무나도 닮아 있다. 가고 싶지 않은 모꼬지에 억지로 가게 만드는 것과 참석하기 싫은 술자리에 빠지지 못하게 하는 것이 무슨 차이가 있는가? 후배들을 붙잡아놓고 선착순을 시키거나 "앞으로 취침, 뒤로 취침"을 외치는 것이 부하직원들을 모아 놓고 화를 내며 길길이 날뛰는 직장상사와 다를 게 무엇인가? 요즘 후배들은 선배 알기를 우습게 안다고 일장 훈시를 늘어놓는 것이 '요즘 애들은'으로 시작해서 혼자 싫은 소리를 쏟아내는 직장상사와 무엇이 다르단 말인가? 자신들이 하는 행동은 정당한 것이며 기성세대가 하는 행동은 꼰대가 하는 행동인가? 그런 것을 볼 때마다 이기주의적인 발상이 도를 넘어섰다는 생각이 들곤 한다.

꼰대는 자신이 꼰대임을 모른다. 기성세대가 자신들의 행동을 되돌아보지 못하는 것처럼 젊은 세대들도 자신들의 행동을 되돌아보지 못한다. 거울 속에 비친 자신의 모습은 보지 못하면서 눈에 보이는 상대방의 모습만 가지고 판단할 뿐이다. 꼰대는 나이로 결정되지 않는다. 진정한 꼰대는 나이와 상관없이 자기가 손에 쥐고 있는 것을 버리지 못하는 데서 비롯된다. 자신이 가진 지위와 힘, 자신이 가진 지식, 자신이 가진 경험, 자신이 가진 사고, 자신이 가진 가치관, 그런 것들을 조건 없이 내려놓지 못하고 자신의 것만 고집하면 그 사람은 나이와 상관없이 꼰대가 되고 만다. 꼰대에서 벗어나는 길은 자신이 가진 것을 버리는 것이다. 자신의 것을 내려놓고 상대방의 입장에서 바라보고 배려하는 것이 꼰대라는 허물을 벗어던지는 지름

길이다. 상대방을 '틀리다'라고 보는 것이 아니라 '다르다'라고 보고 자신의 것을 내려놓은 채 타인과 조화를 이루려고 해야 꼰대에서 벗어날 수 있다.

내면의 거울을 한 번 들여다보자. 난 누군가에게 내 생각대로만, 내 방식대로만 행동하길 바라지 않는가? 그리고 그들에게 내 사고와 가치관에 맞추어, 내 방식에 맞추어 행동하길 원하지는 않는가? 그들이 그렇게 하지 않았을 때 잔소리를 늘어놓거나 미운 털을 박지는 않는가? 앞에서는 아무 말하지 않더라도 뒤돌아서 흉을 보지는 않는가?

만약 그렇게 행동하고 있다면 그 사람은 두말할 필요도 없이 꼰대이다. 그것도 아주 피곤한 꼰대이다. 사람은 자기 눈의 들보는 보지 못해도 남의 눈에 들어있는 작은 티끌은 놓치지 않고 보는 존재다. 자신에게는 한없이 너그럽지만 다른 사람에게는 엄하디 엄한 존재가 보편적인 사람이다. 자신의 행동은 그 어떤 구실로도 합리화시키지만 다른 사람의 행동은 어떤 프레임을 씌워서든 낙인 찍고 싶어 하는 것이 사람들의 일반적인 성향이다. 하지만 거울을 들여다보듯 나 자신의 행동을 성찰하고 바로잡지 않으면 나역시 어느 순간 꼰대의 대열에서 벗어날 수 없음을 되새길 필요가 있다.

무엇이
진정한
리더를 만드는가

어느 바닷가에 칠게 마을이 있었다. 평화로운 시절도 있었지만 환경이 변하면서 먹을 것이 부족해지자 다른 마을의 게들과 경쟁이 시작됐고, 힘센 이웃마을의 게들이 칠게 마을의 땅을 야금야금 차지해 들어오기 시작했다. 먹고살기가 점점 힘들어지면서 마을의 게들은 미래에 대한 두려움을 느꼈다. 그러던 어느 날, '더 이상 이렇게 살면 안 된다, 우리 게들도 이제는 변화와 혁신이 필요하다'며 자신을 리더로 뽑아주면 세상을 완전히 바꾸어 놓겠다고 나선 게가 있었다. 칠게들은 그 똑똑한 게를 리더로 선출했다. 다른 게들의 지지를 받아 리더가 된 게는 혁신이 필요하다며 걸음걸이부터 바꾸자고 제안했다. 비겁하게 옆으로 걷지 말고 당당하게 앞으로 걷자고 했다. 마을의 게들은 불가능하다며 반대했지만 리더 게는 자신의 주장을 굽히지 않았다.

끝내 리더 게는 모든 게가 앞으로 걸어야 한다는 법을 만들었다. 그러고는 옆으로 걷는 게가 있으면 집게발을 자르는 형벌에 처하겠다고 으름장을 놓았다. 집게발이 없으면 먹이를 잡을 수 없어 생존이 어려워지므로 게들은 불만이 있었지만 울며 겨자 먹기로 리더 게의 의견을 따를 수밖에 없었다. 그렇게 모든 게들이 앞으로 걷기 시작했다. 하지만 문제가 발생했다. 앞발과 뒷발의 간격이 촘촘한 데다 신체구조상 앞으로 걷기에는 불가능한 탓에 발이 꼬여 부러지는 게들이 속출했다. 마을에 다리 없는 게들이 빠르게 늘어났지만 위협과 감시 때문에 위험을 감수하면서도 앞으로 걷지 않으면 안 되었다. 게들 중에는 몰래 옆으로 걷다가 비밀경찰에게 적발되어 집게발이 잘린 게도 있었다. 마을의 게들은 강하게 불만을 터뜨렸지만 리더 게는 변화와 혁신에는 고통이 따른다며 계속 앞으로만 걸 것을 고집했다. 시간이 갈수록 더욱 많은 부상자가 나타났고 마을은 깊은 혼란에 빠졌다.

그러던 어느 날, 더 이상 참을 수 없게 된 게들이 리더에게 부상방지대책을 요구하며 농성을 벌였다. 옛날처럼 다시 옆으로 걷게 해 달라며 리더 게에게 강력하게 항의했지만 리더 게는 그건 퇴보하는 것이라 못 박았다. 고통 없이는 혁신을 이루어 낼 수 없는 법이므로 힘들더라도 꾹 참고 동참해야만 한다고 게들을 윽박질렀다.

리더 게가 마을 주민들의 의견을 묵살하고 거품을 물며 일장 훈시를 늘어놓는 도중 갑작스럽게 갈매기 떼가 나타났다. 게들은 서둘러 바위틈과 모래 속으로 달아나기 시작했다. 하지만 앞으로 걸어야 하는 법 때문에 달아나는 중에도 발이 꼬여 제대로 걷지 못하고 갈매기에게 잡아 먹히는 게들이 속출했다. 칠게 마을은 순식간에 아비규환으로 변했다. 그때였다. 누군가 한쪽 방향을 가리키며 소리쳤다.

"리더가 옆으로 걷고 있다! 리더가 옆으로 걷는다!"

모든 게들의 시선이 한쪽을 향했다. 갈매기를 피해 리더 게가 다급하게 바위틈으로 숨고 있었다. 그의 걸음은 완벽한 옆걸음이었다. 갈매기 떼가 물러간 후 성난 게들이 리더 게를 찾아 몰려갔다. 그중에는 양쪽 다리가 몇 개씩 잘려 나간 게들도 있었다. 어떤 게들은 집게발이 없었다. 하지만 그들이 리더 게의 집에 도착했을 때 그곳엔 아무도 없었다. 마지막으로 그를 본 목격자에 의하면 빠른 옆걸음으로 어디론가 급히 사라졌다고 한다.

모든 사람들은 팔로워이면서 동시에 리더이기도 하다. 오십 대의 나이라면 이미 리더의 자리에 올라 있을 것이다. 반드시 조직생활을 해야만 리더가 되는 것은 아니다. 친구들 사이에서도 리더가 될 수 있다. 또, 자녀를 둔 부모라면 아이를 올바른 방향으로 이끌어 나가는 리더의 위치에 있는 것이다. 리더는 늘 스스로 돌아보아야 한다. 자신은 일 년 내내 책 한 권 읽지 않으면서 아이들이 공부하지 않는다고 구박하지는 않는지, 자신은 늘 약속 시간에 늦으면서 다른 사람들에게는 시간관념을 가지라고 잔소리를 하지는 않는지, 자신은 늘 틀에 박힌 생각만 하면서 아랫사람들에게는 창의적인 사고를 요구하지는 않는지, 자신만 옳다고 여기고 늘 다른 사람들을 못마땅해하거나 가르치려고 들지는 않는지 스스로 돌아볼 필요가 있다.

리더의 덕목 중 제일은 솔선수범이다. 자신을 따르는 사람들이 변화하거나 무언가 원하는 대로 행동하길 바라기 전에 스스로 먼저 행동하고 변화하지 않으면 안 된다.

리더는 무엇이든 말로 할 수 있지만, 그것만으로는 주변 사람들의 공감과 동참을 이끌어내기 어렵다. 진정으로 그들이 자신을 신뢰하고 따르도록 만들기 위해서는 몸소 보여주는 것이 무엇보다 중요하다. 자신은 나서지 않으면서 말로만 가르치려 하면 주위 사람들은 리더의 말을 귀담아들으려 하지 않을 것이다. 그보다는 말없이 실천하는 것이 몇 배의 위력이 있음을 알아야 한다. 자신은 못 하는 것을 주위 사람들에게만 강요하면 그들은 리더와 마음의 벽을 쌓을 것이다. '나는 내 주변의 사람들에게 어떤 리더일까?' 종종 거울을 들여다보듯 나 자신을 되돌아보면 어떨까?

위선과
거짓

2008년 가을이 저물어갈 무렵, 이탈리아의 파스타 애호가들이 뉴욕의 프로방스 레스토랑에 도착했다. 그들은 주방장이 최근 개발한 투스카니 파스타를 맛볼 참이었다. 프로방스 레스토랑은 파스타를 좋아하는 사람들 사이에선 정평이 나 있는 유명한 식당이었다. 그들은 기대감에 잔뜩 부푼 채 맛있는 저녁을 기다렸다. 마침내 파스타가 나왔고, 그들은 연신 감탄사를 내지르며 칭찬을 아끼지 않았다.

"정말 끝내줍니다!"

과연 유명 이탈리아 식당이라는 명성에 걸맞게 파스타의 맛은 훌륭했고, 싱싱한 식자재는 이탈리아의 정취를 물씬 느끼게 해주었다. 하지만 이

만찬에는 문제점이 있었다. 그들이 음미한 파스타는 이탈리아에서 오랫동안 파스타를 만들어온 최고 요리사의 것이 아니었다. 피자헛에서 최저임금을 받는 요리사가 만든 것이었다.

피자헛의 요리사는 투스카니 파스타에 고기가 든 마리나라 소스를 넣었다. 주요 재료는 계란 노른자 파우더, '치즈 맛 크산탄 검, 닭갈비에서 저며낸 고기, 그리고 보존료가 전부였다. 이런 재료들이라면 식도락가들의 심사를 뒤틀기에 충분했다. 하지만 우리는 종종 현실을 보지 못하고, 맛을 보지 못하고, 뭔가를 느끼지 못하고, 잘 듣지 못한다.

≪언씽킹≫이라는 책에 나오는 글의 일부를 그대로 옮겨보았다. 이 사례는 2008년에 피자헛이 TV 광고 시리즈로 내보낸 것들 중 하나라고 한다. 그리고 모든 것은 사전에 모의되지 않는 100퍼센트 사실이다. 언젠가 '무한도전'이라는 프로그램에서도 비슷한 실험을 한 적이 있었다. 사향고양이가 커피 열매를 먹고 배출한 배설물을 가공해 만든 루왁 커피와 인스턴트 커피를 준비해 놓고 무한도전 멤버들에게 맛을 구분해 보라고 하였다. 일곱 명의 멤버들은 저마다 자기가 맞다며 루왁 커피를 찾아내기 위해 노력했지만 무안하게도 그들이 고른 건 모두 인스턴트 커피였다. 애초부터 그 실험에 루왁 커피는 없었다.

피자헛의 사례를 들어 ≪언씽킹≫의 저자 해리 백위드Harry Beckwith는 사람들이 기대하는 대로 경험한다는 심리학의 '기대이론'을 갖다 붙였으나 내 생각은 다르다. 피자헛과 무한도전의 사례 모두 사람들의 위선을 나타내는 것이 아닐까라는 생각이 든다. 고급 파스타를 기대했기에 피자헛의 인스턴트 파스타에서 고급 음식 맛을 느끼는 것이 아니다. 루왁 커피를 기대했기에 인스턴트 커피에서 루왁 커피의 고급스러움을 느낀 것이 아니다. 사실은 그들 모두가 위선과 허세에 차 있어서 그 맛을 구분해내지 못한 것이라는 게 내 생각이다.

우리는 살면서 자주 위선적인 행동을 한다. 피자헛의 사례에서나 루왁 커피의 사례에서나 사람들은 그다지 맛있게 느껴지지 않는 음식에도 맛있다는 평가를 내렸다. 왜일까? 어쩌면 일류 레스토랑에서 내주는 고급 파스타가, 모든 사람이 칭송하는 루왁커피의 맛이, 자신의 입맛에 안 맞는다고 고백하는 순간 고급 음식을 먹을 자격이 없는 하찮은 사람 혹은 수준 높은 맛을 구분해낼 줄 모르는 싸구려 입맛을 가진 사람으로 평가될지 모른다는 생각 때문 아닐까? 그런 리스크를 감수하기보다는 고급 음식점에서 제공하는 음식이니 내 입맛엔 안 맞아도 고급스러운 맛이라고 평한다면 어느 정도 체면치레는 할 수 있으리라 여겼을 것이다. 이는 명백한 위선이다.

다른 사람들을 의식한 가식적 행동 말이다.

직장생활을 하면서 '높은' 분들을 따라 소문난 맛집들을 많이 다녀봤지만 그중에 정말 맛있다고 느낀 집은 거의 없었다. 앉을자리조차 없이 사람이 바글거리고, 내팽개치듯이 음식들을 내려놓고 가는 집이라도, 맛집이라면 대다수의 사람들은 '맛있으니까'라며 참는다. 하지만 그런 집 중에서 정말 맛있다는 인상을 받은 곳은 거의 없다. 물론 내 입맛이 고상하지 못해서일 수도 있다. 그러나 그것만은 아닐 것이라 본다.

이 세상에 알려진 맛집치고 인공조미료를 안 쓰는 집은 거의 없다. 나 역시 요리를 좋아하고 자주 해서 잘 알지만 조미료 없이 환상적인 맛을 내기란 불가능에 가깝다. 그럼에도 불구하고 맛있다며 엄지 손가락을 치켜세우는 게 맞는 것인가, 아니면 입맛에 맞지 않으면 맛이 없다고 솔직하게 말하는 게 맞는 것인가? 이건 맞고 틀리고의 문제가 아니다. 자신이 얼마나 솔직한가의 문제다. 즉 위선적이냐 아니냐의 문제라고 할 수 있다.

위선에서 벗어나지 않으면 사는 게 피곤하다. 곰곰이 생각해보자. 우리는 얼마나 위선 속에서 살고 있는지. 남들의 눈을 의식해서, 하고 싶지 않은 일도 해야 하고, 내게는 과하다고 여겨지는 지출도 남들의 눈을 의식해서 어쩔 수 없이 해야만 한다. 그런 위선을 벗어던지지 못하기에 삶이 팍팍하고 무겁게 느껴지는 것 아닐까?

누군가에게
대접받고
싶다면

뇌과학을 같이 공부하는 사람들의 모임이 있었다. 멤버들 간의 원활한 커뮤니케이션을 목적으로 밴드를 만들어 운영하였는데 가끔씩 도움이 될 만한 참고자료를 올리곤 했다. 하루는 그곳에 인공지능의 '딥러닝deep learning'에 관한 글을 올렸더니 대뜸 이런 글이 올라왔다.

'솔직히 답해보세요. 작가님은 이해하셨는지요?'

그 글을 보는 순간 기분이 나빠지고 말았다. 나름 도움이 되라고 올린 글이었건만 오히려 어려운 글을 올렸다고 비난받은 셈이니 기분이 상하는 게 당연했다. 하지만 이후 개인적인 대화를 통해 익살스럽게 말한 것뿐이며 글에서 느껴지는 것처럼 따지려는 의도는 전혀 없었음을 알게 되었다.

스터디 모임 때마다 다른 사람들을 위해 늘 과일이며 샌드위치 등 먹거리를 준비해 주는 따뜻한 마음을 가진 사람임을 알고 있었기에 그 일은 그냥 단순한 해프닝으로 마무리되었다. 하지만 그 해프닝은 여전히 내게 아쉬움으로 남아 있다.

　사람들은 보통 익숙해진 말투로 말을 한다. 생각 없이 습관적으로 말한다는 것이다. 그래서 듣는 사람의 입장은 고려하지 않고 자신의 사고 체계에 따라 말을 풀어 놓는다. 상대방이 잘 알아듣길 바라면서. 하지만 만일 상대방이 그런 말투에 익숙하지 않다면 그로 인해 오해가 발생할 수 있다.
　유전적 기질 때문인지 아니면 성장 환경 탓인지 모르겠지만 나 역시 말투가 그리 고분고분하지는 않다. 때문에 종종 오해를 받곤 한다. 그럴 때마다 억울한 심정이 들긴 하지만 그건 전적으로 내 잘못일 뿐이다.
　우리가 입에서 내뱉는 말은 메아리와 다를 바 없다. 좋은 말을 내뱉으면 좋은 말이 되어 돌아오지만, 나쁜 말을 내뱉으면 나쁜 말이 되어 돌아온다. 거친 말에 기분 좋을 리 없고, 부드러운 말에 기분 나쁘게 받아칠 이유가 없다. 산속의 메아리처럼 우리의 말은 내뱉은 그대로 정직하게 돌아온다.

　미소를 지으면 미소가 돌아오고,

짜증을 내면 짜증이 돌아온다.

칭찬을 하면 감사가 돌아오지만,
비난을 하면 험담과 원망이 돌아온다.

욕을 하면 더욱 심한 욕이나 주먹이 되어 돌아오고,
부드러운 말을 하면 솜사탕같은 포근함이 돌아온다.

그러므로 미소를 받고 싶으면 미소를, 감사를 받고 싶으면 칭찬을, 좋은 말을 듣고 싶으면 좋은 말을, 솜사탕 같은 포근함을 원하면 부드러운 말을 내뱉는 습관을 들여야 한다. 생각 없이 습관적으로 내뱉는 말 한 마디가 나의 하루, 더 나아가 나의 일생을 지배할 수도 있다. 사람들과의 커뮤니케이션에 애를 먹는다면 자신의 말 그릇을 한 번 돌아보는 것도 좋을 듯싶다.

누군가를
바꾸고
싶다면

투명한 물에 투명한 물을 타면 아무런 변화도 나타나지 않는다. 그러나 투명한 물에 파란 물감을 떨어뜨리면 물은 파란색으로 변하고 빨간 물감을 떨어뜨리면 빨간색으로 변한다.

변화의 원리는 이와 같다.

사람들은 종종 주위 사람들을 보면서 무언가 마음에 들지 않는 것이 있으면 그것을 바꾸려고 한다. 일찍 일어나라, 게으름 피우면 안 된다, 정리정돈 좀 해라, 게임 그만하고 공부 좀 해라… 자신과 다른 것 또는 자신의 기준과 달라 마음에 안 드는 것이 있으면 그것을 끄집어내어 그 사람들에게 바꾸라고 말한다.

하지만 그렇게 해서는 사람을 바꿀 수 없다. 사람은 누구나 고유한 삶의 기준이 있고 자신만의 삶의 방식이 있다. 그것을 누군가의 말 한마디로 바꾸고 싶어 하지 않는다. 그러기에 자신에게 조언하고 충고하는 사람을 고맙게 받아들이기보다는 잔소리하는 사람으로 여기고 멀리하고 싶어 한다.

누군가를 달라지게 만들고 싶으면 내가 먼저 변해야 한다. 내가 파란 물감이 되어 그 사람을 물들이면 그 사람은 파란색이 되고, 내가 빨간 물감이 되어 그 사람을 물들이면 그 사람은 빨간 물감이 된다. 나는 달라지지 않은 채 누군가에게만 파란색이 되고 빨간색이 되라고 하면 변화는 일어나지 않는다. 서로 간 앙금만 쌓일 뿐이다.

내가 달라지지 않고서는 그 누구도 변화시킬 수 없다. 누군가에게 아무리 얘기해도 달라지지 않는다고 화내거나 짜증 내기 전에 나부터 먼저 달라지려고 노력해야 한다.

그것이 사람을 변화시키는 기본 원리이다.

살다 보면 무언가를 놓지 못할 때가 많다. 하지만 놓아야 할 것을 제 때 놓지 못하면 그것이 집착이 된다.

떠나간 연인을 잊지 못해 상대를 괴롭히거나, 내가 가야 할 길이 아니라고 생각됨에도 불구하고 지금까지 지나온 시간이 아까워 억지로 버티거나, 다가올 미래보다는 이미 지나가버린 지난날에 더 마음이 쓰이거나, 내가 가진 것보다 내가 가지지 못한 것에 더 마음이 쓰이는 것 등 내 마음속에서 내려놓지 못하는 것들은 모두 집착이 된다.

집착은 삶을 좀먹는 나쁜 감정이다.

집착은 한 손을 몸통에 묶어 놓고 생활하는 것이나 다름없다.

한 손이 자유롭지 못하면 다른 한 손마저 자유롭게 쓰기 어려워진다.

두 손을 자유자재로 쓰는 사람들에 비해 뒤처질 수밖에 없다.

손을 묶으면 몸을 움직이는 것이 쉽지 않듯, 집착은 삶 자체를 자유롭지 못하게 만든다.

살면서 가장 중요한 것은 무언가 올바른 것을 올바른 때에 선택하는 것이지만, 그에 못지않게 무언가를 제 때 놓는 것도 중요하다.

비우지 않고서는 채울 수 없듯이, 무언가를 놓지 않고서는 새로운 것을 잡을 수 없다.

취하는 것만큼 버리는 것도 삶의 중요한 요소 중 하나다.

다시,
어떻게 살아가야 할 것인가를
생각한다

이 세상 사람들이 살아가는 모습을 보면 참으로 각양각색이다. 어떤 사람은 감당할 수 없을 정도로 많은 돈을 벌고, 어떤 사람은 똥구멍이 찢어질 정도로 가난하다. 어떤 사람은 못된 짓을 밥 먹듯이 하면서도 국회의원이 되어 자신보다 훨씬 청렴결백하게 산 사람을 죄인처럼 꾸짖기도 하고, 어떤 사람은 깃털 같은 잘못 하나로 범죄자의 낙인이 찍힌다. 어떤 사람은 젊은 시절을 펑펑 놀다가도 운이 좋아 성공 가도를 달리며 돈과 명예를 끌어 모으기도 하지만, 어떤 사람은 죽어라 공부해도 평생 쥐꼬리만 한 월급에 만족해야 하는 직장인의 신세를 벗어날 수 없다. 무엇이 이런 차이를 만들어 내는 걸까? 운명일까? 그렇다면 사람의 운명은 정해져 있을까?

종종 사고로 세상을 떠나는 사람들의 이야기를 들을 때마다 사람의 운명이 정해져 있다는 생각이 들곤 한다. 내 주위에도 그런 사람들이 꽤 많다. 같은 회사에 근무하던 젊은 여자 직원이 결혼을 앞두고 예물을 찾으러 가던 길에 공사장의 담벼락이 무너지는 바람에 매몰되어 세상을 떠났다. 고등학교 친구 중 하나가 오랜 해외 생활 중 잠깐 가족을 보기 위해 들어왔다가 다시 해외로 나가는 비행기를 타기 위해 공항으로 가던 길에 버스가 전복되어 죽었다. 그 여직원은 왜 하필 그 수많은 시간 중에 딱 그 시간에 거기 있었을까? 1분만 일찍 그 자리를 지났거나 1분만 늦게 그 자리에 도착했다면 소중한 목숨을 잃지 않았을 텐데 왜 하필이면 그때 그 순간에 거기 있었을까? 왜 그 친구는 그때 그 버스를 탔을까? 조금만 일찍 집을 나섰거나 핸드폰을 집에 놓고 나와 다시 가지러 가는 바람에 조금 늦을 수도 있었을 텐데 왜 하필이면 그 버스에 올랐을까?

　　내가 아는 사람들의 이야기뿐이 아니다. 아파트 화단에서 고양이 밥을 주던 캣맘이 아이가 장난으로 던진 벽돌에 머리를 맞아 숨진 일도 있었고, 애지중지 키운 딸을 시집보내기 위해 상견례를 마치고 걸어가던 사람이 갑작스럽게 지하에서 쏟아져 나온 뜨거운 물을 뒤집어쓰고 목숨을 잃은 일도 있었다. 수없이 지나다녔을 그 길에서, 왜 하필 그 시간에 그런 험한 일을 당했을까?

그 모든 것이 우연의 일치였을 뿐일까? 우연이라고 보기에는 선뜻 이해가 되지 않는다. 어떤 사람은 버스를 놓쳐 씩씩대며 울분을 토해내지만 그로 인해 목숨을 구하게 되고, 어떤 사람은 운 좋게 버스 정류장에 도착하자 마자 버스가 도착하여 기분 좋게 승차했다가 목숨을 잃기도 하고…. 그런 것들이 과연 우연으로만 벌어지는 일일까?

그런 일들을 겪을 때마다 사람의 운명은 정해져 있다는 생각이 들 때가 많다.

그렇다고 해서 내가 운명론자는 아니다. 운명이 정해져 있다면 좋을까? 운명이 정해져 있다는 것은 아무리 발버둥 쳐도 정해진 운명을 바꿀 수 없다는 말이기도 하다. 노력해도 달라질 것이 없다면 굳이 노력할 필요가 없다. 어떻게 살든 정해진 운명은 달라지지 않을 테니 말이다. 부자가 될 사람은 노력하지 않아도 부자가 될 수 있고 가난한 사람은 아무리 노력해도 가난을 벗어나기 힘들 것이다. 그것이 운명론자의 한계다.

내가 믿는 운명에 대한 생각은 조금 다르다. 이미 운명은 정해져 있으니 인생이 어찌 전개될까 궁금해하거나 혹시나 잘못될까 전전긍긍하며 살 필요 없다는 것이다. 벼락맞아 죽을까 봐 아무리 걱정하며 조심한다 해도, 운명이 그렇다면 벼락을 피할 수 없다. 벼락 맞아 죽을까 봐 아무리 걱정해도, 운명이 그렇지 않다면 그 걱정은 끝내 실현되지 않을 것이다. 걱정한다고 해서 달라지지 않는다. 그러니 세상을 살면서 조바심 내거나 전전긍긍할 필요가 뭐 있겠는가?

비록 사람의 운명이 정해져 있다고 한들 누구도 자신의 운명을 알 수 없다. 사람들은 볼 수 없는 미래를 내다보고 싶어 안달을 내지만 그런다고 해서 운명을 바꿀 수 있는 것은 아니다. 운명을 바꿀 수 없다면 현재를 충실히 사는 수밖에 다른 방법이 없다. 언제 죽을지 모르는 인생이라면 지금 이 순간을 더욱 열심히, 후회 없이 사는 게 낫다는 생각이 든다. 주위에서 만나는 모든 사람들과 좋은 관계를 맺고, 인생에서 마주치는 모든 순간을 허투루 흘려보내지 않고, 내게 주어진 상황들을 아낌없이 즐기며 사는 게 정해진 운명을 대하는 우리의 태도여야 한다는 생각이다.